第三方支付技术与监管

胡 娟 著

北京邮电大学出版社
www.buptpress.com

内容简介

本书分别从技术和管理两个角度对第三方支付平台的关键技术和行业监管进行阐述。首先分析了第三方支付行业的发展现状，以及互联网支付、移动支付等支付系统的技术现状，同时，结合第三方支付平台的实际应用需求，从技术架构、支付账户管理、安全保障体系等方面给出了相应的技术解决方案。此外，在第三方支付的管理、风险分析，以及监管体系和检测认证制度等方面，也进行了详细的阐述和深入的分析，并给出了相应的建议。

本书可以作为第三方支付行业相关从业人员，以及其他对第三方支付感兴趣的读者的参考书，为学习和研究第三方支付技术与管理提供有益的借鉴。

图书在版编目(CIP)数据

第三方支付技术与监管 / 胡娟著． -- 北京：北京邮电大学出版社，2016.12
ISBN 978-7-5635-4954-2

Ⅰ．①第… Ⅱ．①胡… Ⅲ．①电子商务－支付方式－金融监管－研究－中国 Ⅳ．①F713.36

中国版本图书馆 CIP 数据核字（2016）第 264982 号

书　　　名：第三方支付技术与监管
著作责任者：胡　娟　著
责 任 编 辑：满志文　穆晓寒
出 版 发 行：北京邮电大学出版社
社　　　址：北京市海淀区西土城路 10 号（邮编：100876）
发　行　部：电话：010-62282185　传真：010-62283578
E-mail：publish@bupt.edu.cn
经　　　销：各地新华书店
印　　　刷：北京九州迅驰传媒文化有限公司
开　　　本：787 mm×1 092 mm　1/16
印　　　张：11
字　　　数：257 千字
版　　　次：2016 年 12 月第 1 版　2016 年 12 月第 1 次印刷

ISBN 978-7-5635-4954-2　　　　　　　　　　　　　　　　　　　定　价：28.00 元

· 如有印装质量问题，请与北京邮电大学出版社发行部联系 ·

前　言

随着电子商务的飞速发展，买卖双方之间出现了一种全新的支付模式——第三方支付，即由非银行金融中介服务机构，依托信息网络并运用电子货币和电子认证技术，为个人、企业和机构用户提供支付结算、资金清算等货币资金转移及其延伸服务的模式。第三方支付机构通常在用户之间提供银行卡收单、互联网支付、移动支付、预付卡支付、电话支付、数字电视支付等多种支付服务。其中尤以互联网支付和移动支付的发展最为迅猛，给人们带来了前所未有的方便与快捷，解决了长期以来国内电子商务中的支付瓶颈问题，也给整个网络经济的蓬勃发展注入了催化剂。当前，第三方支付业务已经从电子商务逐步渗透到社会生活的各个领域，并且从线上拓展到线下，用户规模不断增加，与第三方支付平台关联的商业、金融、电信等异构系统也越来越多，越来越复杂，对支付平台的技术要求也越来越高，在系统高可用性、安全性和异构系统数据共享等方面的关键技术也成为研发的重点。

长期以来，为了适应传统工业经济条件下的经济管理，支付领域我国采用的是以银行为中心的金融监管和产业政策，相关法律法规也围绕这一原则而建立。然而，在互联网媒介的作用下，中国正在发生一场去中心化的互联网经济革命，表现出分散化与网络化协同的新特点，创新型第三方支付机构的出现适应了这种变革，但同时也带来了一系列问题和挑战。由于第三方支付涉及用户资金的大量往来和一定时期的代管等类似金融的业务，必然需要行政监管的介入，以避免出现支付系统的技术风险、客户备付金违规使用、洗钱等管理风险，保障客户资金安全和维护社会公共利益。2010年到2014年相继出台的《非金融机构支付服务管理办法》《支付机构客户备付金存管办法》和《网络交易管理办法》初步建立起了第三方支付机构的监管体系，但在强化账户实名认证、加强可疑交易风险管理，完善支付机构认证审查制度等方面仍需不断探索和完善。因此，第三方支付平台的监管问题和相应对策的研究也是极为现实和迫切的需求，具有重要的社会意义。

本书分别从技术和管理两个角度对第三方支付平台进行研究。在第三方支付平台和技术方面，依据中国人民银行、国家互联网信息中心等权威机构发布的数据、资料，分析了我国第三方支付的行业发展现状和第三方支付平台的技术现状，尤其是着重分析了互联网支付、移动支付等六类支付系统的业务模式、业务特点、技术应用和现存问题。同时，本书针对第三方支付平台的关键技术进行研究，寻求解决异构系统数据共享的技术方案，研究能够实现支付平台各个异构子系统间通信、集成和灵活扩展的技术架构，并且重点设计了支付账户管理系统的功能、处理流程、业务模块接入和消息传递机制，以及第三方支付平台的安全保障体系。另一方面，本书从第三方支付行业的监管角度，重点研究了第三方支付的实名管理、支付账户管理、客户备付金管理、风险管理等问题，以及第三方支付机构的监管体系和检测认证制度。本书将为相关企业、研究机构和监管部门了解第三方支付行业的发展趋势，解决相关技术和管理问题，规避其中的技术风险和管理风险提供有益的借鉴和参考。

编　者

目　　录

第一章　第三方支付概述 ··· 1

第一节　第三方支付的基本概念 ······································· 1
一、电子支付 ··· 1
二、第三方支付 ··· 2

第二节　第三方支付发展状况 ··· 5
一、国外第三方支付发展现状 ······································· 5
二、国内第三方支付发展现状 ······································· 7
三、支付行业的产业链构成 ··· 9
四、支付业务模式及构成 ·· 11

第三节　第三方支付的监管 ·· 13
一、监管原则及监管机构 ·· 13
二、监管政策 ·· 14

本章小结 ·· 16

第二章　第三方支付平台 ·· 17

第一节　第三方支付平台的基本概念 ·································· 17
一、第三方支付平台定义 ·· 17
二、第三方支付平台分类 ·· 17
三、第三方账户支付交易流程 ······································ 18
四、第三方支付平台的盈利模式 ···································· 19

第二节　典型的第三方支付平台 ······································ 20
一、支付宝 ·· 20
二、财付通 ·· 22
三、PayPal ·· 23
四、易宝支付 ·· 23
五、快钱 ·· 24
六、其他 ·· 24

第三节　第三方支付服务平台现状分析 ································ 24
一、第三方支付服务的整体状况 ···································· 24

二、互联网支付业务系统 ··· 25
　　三、固定电话支付业务系统 ··· 28
　　四、移动电话支付业务系统 ··· 29
　　五、数字电视支付业务系统 ··· 33
　　六、银行卡收单业务系统 ··· 34
　　七、预付卡发行与受理业务系统 ··· 35
　本章小结 ··· 38

第三章　第三方支付平台关键技术 ··· 39
　第一节　第三方支付平台技术架构 ··· 39
　　一、消息总线架构 ··· 39
　　二、SOA 点对点架构 ··· 44
　　三、ESB 架构 ·· 46
　第二节　支付账户管理系统 ·· 50
　　一、账户管理基本功能 ·· 50
　　二、账户管理相关业务流程 ·· 51
　　三、基于消息总线的支付账户系统设计 ······························· 56
　第三节　跨平台支付网关 ··· 60
　　一、商户管理 ··· 61
　　二、支付机构管理 ··· 62
　第四节　第三方支付系统安全 ·· 62
　　一、第三方支付系统安全保障框架 ······································· 62
　　二、安全技术基础 ··· 63
　　三、第三方支付安全技术保障体系 ······································· 68
　第五节　移动支付技术 ··· 71
　　一、SIMPASS 技术 ·· 71
　　二、NFC 移动支付技术 ··· 72
　　三、RF-SIM 移动支付技术 ·· 75
　　四、移动支付系统方案 ·· 77
　第六节　基于生物识别的支付新技术 ···································· 78
　　一、虹膜支付技术 ··· 78
　　二、人脸支付技术 ··· 78
　　三、指纹支付技术 ··· 79
　本章小结 ··· 80

第四章　第三方支付的管理 ·· 81
　第一节　第三方支付的实名管理 ·· 81
　　一、电子账户实名制背景 ·· 81

二、实名认证的方式或渠道 ………………………………………………… 82
　　三、实名认证的分类 ………………………………………………………… 84
　　四、当前电子账户实名认证中存在的问题 ………………………………… 84
　　五、监管部门完善电子账户实名制、推动市场健康有序发展 …………… 85
第二节　第三方支付账户的分类与管理 ………………………………………… 87
　　一、第三方支付平台的账户体系的发展 …………………………………… 87
　　二、第三方支付的个人支付账户的分类 …………………………………… 88
　　三、支付账户与银行账户的不同 …………………………………………… 89
第三节　第三方支付的客户备付金管理 ………………………………………… 91
　　一、沉淀资金的利息归支付机构获得 ……………………………………… 91
　　二、备付金银行资质 ………………………………………………………… 91
　　三、备付金存管银行和备付金合作银行的区别 …………………………… 92
　　四、备付金银行账户 ………………………………………………………… 92
第四节　第三方支付机构与银行竞合关系研究 ………………………………… 93
　　一、第三方支付机构与商业银行业务重叠 ………………………………… 93
　　二、银行近年来的一系列回应 ……………………………………………… 93
　　三、第三方支付机构与商业银行的合作领域 ……………………………… 95
　　四、未来的发展方向及政策建议 …………………………………………… 97
本章小结 …………………………………………………………………………… 99

第五章　第三方支付风险分析 …………………………………………………… 100

第一节　第三方支付政策与法律风险分析 ……………………………………… 100
　　一、简要梳理2010年之后主要的监管政策 ………………………………… 100
　　二、第三方支付中的民事法律关系 ………………………………………… 103
　　三、第三方支付机构的法律风险 …………………………………………… 105
第二节　第三方支付洗钱风险分析 ……………………………………………… 106
　　一、第三方支付平台反洗钱法律制度的理论概述 ………………………… 106
　　二、我国第三方支付平台反洗钱法律制度现状 …………………………… 109
　　三、第三方支付机构落实反洗钱四大核心制度 …………………………… 110
　　四、我国第三方支付平台反洗钱法律制度存在的不足 …………………… 111
第三节　支付机构技术水平分析 ………………………………………………… 113
　　一、支付机构业务设施技术水平 …………………………………………… 113
　　二、支付机构间技术服务能力差异分析 …………………………………… 116
第四节　第三方支付业务设施技术风险分析 …………………………………… 117
　　一、非金融机构支付业务设施技术问题 …………………………………… 117
　　二、非金机构支付业务设施技术风险分析 ………………………………… 124
　　三、审查问题产生因素分析 ………………………………………………… 134
　　四、支付机构申请非金融认证的建议 ……………………………………… 137

第五节　跨境支付政策与风险 ……………………………………… 138
　　一、跨境支付的概况 …………………………………………… 138
　　二、跨境支付的业务类型 ……………………………………… 139
　　三、加强跨境支付业务监管 …………………………………… 142
　　四、探索成立海外人民币储备银行 …………………………… 143
　本章小结 …………………………………………………………… 143

第六章　第三方支付平台监管分析和建议 ………………………… 144
　第一节　第三方支付机构监管体系 ……………………………… 144
　　一、第三方支付机构的法律地位 ……………………………… 144
　　二、支付业务许可证的申请流程 ……………………………… 144
　　三、第三方支付企业获取技术安全检测认证证书 …………… 146
　　四、支付机构的监管与管理 …………………………………… 148
　第二节　非金融支付机构获证获牌分析 ………………………… 150
　　一、非金融支付机构获证统计分析 …………………………… 151
　　二、非金融支付机构获牌统计分析 …………………………… 156
　第三节　对国家政策法规的需求 ………………………………… 157
　　一、加强支付机构在客户隐私保护方面的责任 ……………… 157
　　二、针对新的业务模式和支付技术及时研究制定相关政策 … 158
　第四节　技术规范/标准的完善需求 …………………………… 158
　　一、体现业务类型的关键特征 ………………………………… 158
　　二、紧跟支付行业的发展 ……………………………………… 159
　　三、明确渐进的导向性 ………………………………………… 159
　　四、对重大安全事件有针对性地完善技术规范/标准 ……… 160
　第五节　检测认证工作管理需求 ………………………………… 160
　　一、加强对支付机构支付业务形式和支付范围的管理 ……… 160
　　二、加强检测认证工作的规范性管理 ………………………… 161
　　三、加强检测与认证工作的相互协调 ………………………… 161
　　四、适时建立支付设施风险分级管理机制 …………………… 162
　　五、适时开展对外包服务机构的认证工作 …………………… 162
　　六、加强对支付机构认证的培训和交流 ……………………… 163
　本章小结 …………………………………………………………… 163

参考文献 ……………………………………………………………… 164

第一章　第三方支付概述

第一节　第三方支付的基本概念

一、电子支付

20世纪90年代,互联网的普及使其逐步从大学、科研机构走向企业,更是快速进入普通家庭,其功能也从信息共享演变为一种大众化的信息获取和传播手段,这使得商业活动也逐步进入这个领域。互联网信息传播速度快、范围广,信息发布和获取成本低,这些特点为企业造就了更多的商业机会,电子商务从而得以迅猛发展,逐步成为互联网应用的最大热点。面对电子商务的市场潮流和需求,电子支付成为解决其中资金流动的重要手段,因此适应电子商务活动的各种电子支付技术也随之发展起来。

电子支付是指单位、个人直接或授权他人通过电子终端发出支付指令,实现货币支付与资金转移的行为。电子支付的类型按照电子支付指令发起方式分为网上支付、电话支付、移动支付、销售点终端交易、自动柜员机交易和其他电子支付。简单来说,电子支付是指电子交易活动的相关参与方,包括消费者、商户、金融机构和其他支付机构等,使用安全电子支付手段,通过网络进行的货币支付或资金流转。电子支付已是电子商务系统的重要组成部分。

电子支付发展的早期只是利用计算机和网络技术来处理银行之间的业务,或者银行与其他机构之间进行资金的结算,如代发工资等业务。其后,银行广泛采用电子支付技术通过银行销售和服务终端向客户提供各项银行服务,如自助银行等。这一阶段的电子支付主要通过银行等金融机构的专用网络进行,完成资金流转的支付机构也主要为金融机构。随着互联网的发展和电子商务的需要,电子支付系统开始与互联网相融合,从而方便用户通过互联网随时随地进行资金转移和结算,这使得电子支付开始进入基于互联网的电子支付阶段。

电子支付按照支付指令的发起方式分为电话支付、互联网支付、移动支付、销售点终端支付、自动柜员机交易等。例如,电话支付使用固定电话及线路,通过银行系统从个人银行账户直接完成付款;互联网支付则是依托互联网进行数据传输,利用银行所支持的数字金融工具,在购买者和销售者之间完成金融信息交换,实现买方、卖方和金融机构之间的货币支付、资金流转、资金清算、查询统计等信息交换过程,从而为电子商务和其他服务提供金融支持;移动支付则是使用手机等移动设备通过无线或移动通信网络完成支付行为的一种新型的支付方式。

二、第三方支付

1. 第三方支付的产生

电子商务活动的核心是交易,即资金和商品(或服务)的交换。通常来说,一般的交易活动应遵循的原则是等价和同步。同步交换,就是交货与付款互为条件,也是等价交换的保证。

在实际操作中,对于现货商品的面对面交易,同步交换容易实现;但在电子商务活动中,由于交易商品或服务的流转和验收需要过程,物流与资金流的异步和分离的矛盾不可避免,同步交换往往难以实现。而如果采用异步交换,即先付款后收货,或者先收货后付款,其中一方容易违背道德和协议,破坏等价交换原则,故先履行交易的一方往往会受制于人,陷入被动、弱势的境地,承担风险。

电子商务交易双方互不认识,不知根底,支付问题曾经是电子商务发展的瓶颈之一,卖家不愿先发货,怕货发出后不能收回货款;买家不愿先支付,担心支付后拿不到商品或商品质量得不到保证。博弈的结果是双方都不愿意先冒险,网上购物无法进行。因此,异步交换必须附加信用保障或法律支持才能顺利完成,而这并不适合于电子商务活动交易便捷性高、交易成本低的需求。

为了确保电子商务活动中的等价交换,需要遵循同步交换的原则,这就要求支付方式应与交货方式相匹配,因此可以采用过程化分步支付方式。过程化分步支付方式适应了电子商务交易过程中商品流转验收的过程性特点,款项从启动支付到所有权转移至对方不是一步完成的,而是在中间增加中介托管环节,由原来的直接付转改进到间接转移,业务由一步完成变为分步操作,从而形成一个可监控的过程,按步骤有条件进行支付。这样就可以使资金流适配商品物流进程达到同步的效果,使支付结算方式更适应电子商务的需求。

为迎合同步交换的市场需求,第三方支付应运而生。第三方是买卖双方在缺乏信用保障或法律支持的情况下的资金支付"中间平台",买方将货款付给买卖双方之外的第三方,第三方提供安全交易服务,其运作实质是在收付款人之间设立中间过渡账户,使汇转款项实现可控性停顿,只有双方意见达成一致才能决定资金去向。第三方担当中介保管及监督的职能,并不承担什么风险,所以确切地说,这是一种支付托管行为,通过支付托管实现支付保证。

所谓第三方支付,就是通过与产品所在国家以及各大银行签约,由具备一定实力和信誉保障的第三方独立机构提供的交易支持平台。在通过第三方支付平台的交易中,买方选购商品后,使用第三方平台提供的账户进行货款支付,由第三方通知卖家货款到达、进行发货;买方检验物品后,就可以通知付款给卖家,第三方再将款项转至卖家账户。

在实际的操作过程中,第三方机构可以是银行等金融机构本身,也可以是非金融机构。在由金融机构第三方进行网络支付时,用户银行卡号和密码等敏感信息只在持卡人和金融机构之间传输,降低了因通过商家或其他机构传输而导致的风险。

当第三方是除了金融机构以外的其他具有良好信誉和技术支持能力的机构时,支付行为也可以通过这样的非金融机构第三方在持卡人和银行之间进行。第三方机构需要与各个主要银行之间签订相关协议,使得第三方机构与银行可以进行某种形式的数据交换和信息确认,同时,为了保障交易信息安全,非金融机构第三方需要符合相关管理规定并通过安全性检测及资格认证,本书将主要对非金融第三方支付进行阐述。

2. 支付机构

依据我国《支付清算组织管理办法》及有关法律法规,向参与者提供支付清算服务的法人组织就成为支付清算组织,这其中包括:

- 为银行业金融机构办理票据和结算凭证等纸质支付指令交换和计算的法人组织;
- 为银行卡等卡类支付业务的机构提供支付指令的交换和计算以及提供专用系统的法人组织;
- 为银行业金融机构或其他机构及个人之间提供电子支付指令交换和计算的法人组织;
- 其他为参与者提供支付指令交换和计算的法人组织。

第三方支付属于一种支付清算服务。我国提供支付清算服务的机构主要包括银行、银联和非金融支付机构三类,三者在业务类型上存在以下区别:

银行是国内企业支付清算的主要金融服务机构,为国内、国际企业提供同行、跨行的支付、汇兑服务。

银联是我国的银行卡联合组织,运营全国银行卡跨行信息交换网络,通过银联跨行交易清算系统,实现商业银行系统间的互联互通和资源共享,保证银行卡跨行、跨地区和跨境的使用。

非金融支付机构之间的货币资金转移需委托银行业金融机构办理,不得通过非金融支付机构相互存放货币资金或委托其他支付机构等形式办理。除经特别许可外,非金融支付机构不得办理银行业金融机构之间的货币资金转移。

在这三类支付清算组织中,非金融支付机构是依据《非金融机构支付服务管理办法》取得《支付业务许可证》,从事非金融支付服务的非金融机构,也称为第三方支付机构。

3. 支付业务

非金融第三方支付机构作为中介机构,在收付款人之间提供的货币资金转移服务称为支付服务,包括网络支付、预付卡的发行与受理、银行卡收单等几类中国人民银行确定的支付服务。其中,网络支付是指依托公共网络或专用网络在收付款人之间转移货币资金的行为,包括货币汇兑、互联网支付、移动电话支付、固定电话支付、数字电视支付等。

因此,第三方支付业务可以分为网络支付、银行卡收单、预付卡发行与受理三大类业务,其中网络支付又可细分为货币汇兑、互联网支付、移动电话支付、固定电话支付、数字电视支付5个子类。

4．支付技术

支付服务是一项技术支撑型服务，支付业务的开展依赖于支付技术的良好运营。不同的支付业务模式也有赖于不同的支付技术支撑。

从支付系统和银行的接入方式来看，支付技术有直联模式和间联模式两类。

从支付终端渠道的形式看，支付技术有以下 6 类：

（1）互联网支付

互联网支付是指依托互联网实现收付款方之间货币资金转移的行为。互联网支付包括一般支付、担保支付和协议支付。

（2）固定电话支付

固定电话支付是指电话通过语音 IVR 方式，使用电话线路发出支付指令，实现货币支付与资金转移的行为。

（3）移动电话支付

移动电话支付有移动电话近场支付和移动电话远程支付两种类型。近场支付是指移动终端上内嵌的智能卡通过非接触方式和支付受理终端进行通信，实现货币支付与资金转移的行为。远程支付是指移动终端（通常指手机）以短信、WAP、客户端软件以及客户端软件加智能卡等方式，通过无线通信网络发出支付指令，实现货币支付与资金转移的行为。

（4）数字电视支付

数字电视支付是指依托交互机顶盒等数字电视支付终端发起的，使用 IC 卡或网络实现支付交易的行为（数字电视支付业务不涉及 IC 卡的发行和管理）。

数字电视支付客户通过数字电视终端等方式订购商户提供的商品或服务，并通过数字电视终端在支付服务方确认付款的支付交易。

（5）预付卡发行和受理

预付卡发行与受理业务是指持卡人在商店、网站等购买商户产品或服务，使用预付卡（实体卡或虚拟卡）方式通过业务受理终端（POS 机、虚拟处理设备等）发送支付指令，实现货币与资金在客户和商户间转移的行为。客户在商户提供的商店、网站等选购商品或服务，并采用预付卡（实体卡或虚拟卡）方式，在支付服务方提供的业务处理终端（POS 机、虚拟处理设备等）进行消费，并确认付款的支付交易流程。

（6）银行卡收单

银行卡收单业务指收单机构通过受理终端为特约商户代收货币资金的行为。

收单机构是指从事收单核心业务，具备收单业务资质并承担收单业务主体责任的企业法人，包括经国务院银行业监督管理机构批准可以从事银行卡业务或信用卡收单业务的银行业金融机构和经中国人民银行批准可以从事银行卡收单业务的非金融支付机构，本书中收单机构则专指"经中国人民银行批准可以从事银行卡收单业务的非金融支付机构"。

受理终端是指通过对银行卡信息（磁条或芯片）读取、采集或录入装置生成银行卡交易指令的各类实体支付终端，包括但不限于 POS（销售点）终端、电话支付终端、自助支付终端、读卡装置。

5. 支付业务设施

支付机构必须具备相应的支付业务设施才能够支撑其开展支付业务,这些支付业务设施包括支付业务处理系统、网络通信系统以及容纳上述系统的专用机房。

由于一个第三方支付机构可以申请多项支付业务,因此每项业务都需要具备至少一套支付业务系统来满足该项业务的功能、性能和安全性等方面的需求。此外,一套支付业务系统可以整合多项支付技术设施。例如,用户身份识别可能采用账号密码、数字证书、短信动态口令以及人脸识别等多项技术;同时,一项支付技术设施也可能由多个不同的业务同时共用,例如,银行卡收单和预付卡业务可能使用同一套刷卡终端。因此,同一个第三方支付机构可能存在一套业务系统同时支撑多个业务,实现多个业务的功能的情况,也可能存在多个系统共用部分技术模块的情况。

第二节 第三方支付发展状况

一、国外第三方支付发展现状

国外第三方支付产业的起源略早于我国,但也保持了高速发展,由于各国制定以及市场条件不同,不同国家与地区第三方支付产业发展呈现不同状况。1996 年,美国诞生全球首家第三方支付公司,随后 Yahoo PayDirect、Amazon Payments 和 PayPal 纷纷成立,其中以 PayPal 的发展历程最为典型。成立于 1998 年的 PayPal 公司开始的目的是弥补在电子商务领域商业银行不能覆盖个人收单业务领域的不足。2002 年,PayPal 被全球最大的 C2C 网上交易平台 eBay 全资收购,从此进入快速发展期。集聚各种二手商品的 eBay 当时是全球最大的个人电子商务交易平台,由于商品的所有者和购买方都是个人,而商业银行不向个人客户提供银行卡收单服务,因此,只能采取传统支付方式的 eBay 平台运行效率较为低下。收购 PayPal 使 eBay 成功解决了交易支付问题。PayPal 凭借 eBay 平台强大的市场优势,实现了自身快速发展,2003 年营业额较 2002 年增长近三倍。在为 eBay 提供支付服务的基础上,PayPal 扩展其自身业务至更为广阔的电商领域。PayPal 在北美市场合作客户范围广阔,小到普通比萨饼屋,大到零售巨头沃尔玛在线,合作的 B2C 在线商城多达五百多家。2012 年,PayPal 全球活跃账户有 1.23 亿户,全球交易规模达到 1 449.4 亿美元,其中移动支付达 140 亿美元。除 PayPal 之外,其他第三方支付企业的成长也很迅速,尤其是在移动支付领域,2015 年全球移动支付市场交易规模达 4 500亿美元。

国外第三方支付业务在市场中的占有率虽然不高,但渗透力很强,其中主要的非现金支付工具是签名借记卡和卡组织的信用卡。国外的卡组织模式由于其整体信用环境较好并且采取无磁无密的交易方式,因此能够顺利将银行卡支付迁移到互联网交易渠道中。第三方支付企业与卡组织的合作,不断开拓新的业务领域,金融危机之后,人们信用消费习惯有所改变,借记卡成为重要的支付工具,率先实施全球化战略的第三方支付企业凭借其优势占领整个市场的主导地位。另外,在业务类型方面,第三方支付也已经延伸到了学费、公共事业费、房租等各类账单支付,并在整个业务量的比例不断提升。

总的来说,第三方支付市场在国外的发展可以分为两个阶段:一是随着个人电商市场(C2C)起源、壮大、成熟的阶段;二是不断向垂直化、外部专业化电商网站深入拓展的阶段。

1. 美国

在美国,目前网络第三方支付业务被视为货币转移的一种业务,第三方支付机构被视为支付中介人与客户的代理人,按照客户指示对他的资金进行转移,尽管其采用了先进的交易方式,但本质上仍是传统货币服务的延伸。因此,美国没有把第三方支付机构当作一种新型的机构进行专项的立法监管,而只是从货币服务业务的角度,在联邦和州两个层面对第三方支付机构进行监管。在联邦层面,联邦存款保险公司(FDIC)是主要部门,各州的监管则由各州根据自己不同的法律实施不同的监管措施。美国对第三方支付机构的监管主要依据现有的相关法律,或者对现行法律法规进行相应增补,以便用于对汇款业务或者非银行机构支付业务(此类业务统称为"货币服务业务")进行监管,重点在于监管业务的交易过程。被当作"货币服务机构"的第三方支付公司的运营牌照,需由监管机构统一发放,同时明确其投资范围限制、初始资本金、自有流动资金、反洗钱义务、记录和报告制度等内容。在美国,第三方支付平台的资金视为公司负债,而且出于联邦存款保险公司对滞留资金监管的需要,通过存款延伸保险制度,第三方平台滞留资金被存放在为其提供保险的商业银行无息账户里面。"9·11"事件后,联邦当局颁布的《爱国者法案》规定包括第三方支付公司的所有货币服务机构需注册备案在财政部下属的金融犯罪执行网络(FinCEN)。各机构接受联邦和州两级的反洗钱监管,经营前须通过 FinCEN 的认定,所有交易将会被记录并保存,同时任何可疑交易需及时汇报。2009 年 11 月,美国财政部下属的内部税收服务署(IRS)对银行卡支付以及第三方网上支付的信息披露问题做出了新规定,提出"第三方网络交易"是通过第三方支付网络系统进行清算的交易,第三方清算组织只需要汇报当年交易总额超过 2 万美元或者交易笔数超过 200 笔的第三方网络支付交易。

2. 欧盟

近年来,欧洲地区电子商务增长快速,但欧洲各国电子商务的发展程度不一,瑞典、丹麦、芬兰和挪威等北欧国家处于领先发展地位,英国、德国、法国和其他中欧国家发展居中,意大利、希腊等南欧国家相对滞后。欧盟通过对支付媒介的规定实现对第三方支付公司的监管。任何公司需要获得银行执照或者电子货币公司执照后,通过商业银行货币或者电子货币这两种媒介开展支付业务。欧盟具体制定颁布了《电子货币指引》《电子签名共同框架指引》和《电子货币机构指引》,规定只有传统信用机构和受监管的新型电子货币机构在同时满足在央行存有大量资金和取得相关金融部门颁发的营业执照才能有权力发行电子货币。同时,三部指引也能对电子货币机构的大部分电子支付工具,包括支付网关及虚拟账户等起到规范作用。

归纳起来,欧盟地区对第三方支付公司的监管有以下几点:(1)最低资本金要求。第三方支付企业必须拥有自有资金,也规定了最低限额。同时要求其初始资本家不得低于100万欧元。(2)投资活动限制。明确对沉淀资金的定位属于负债。资金投资活动严格限制在一定的投资项目类型和投资额度之内。(3)业务风险管理。第三方支付机构需具备适当的内控机制,坚持稳健和审慎管理的原则,拥有规范的会计核算程序。(4)记录和报告制度。电子货币机构的交易记录需在一段时间内进行完整保留,同时应该按时提交定期财务报告和审计报告等。

3. 日本以及亚洲其他国家

在亚洲地区,日本的第三方支付行业领先发展,新加坡、韩国、中国、印度等紧跟其后。日本电子商务能够快速发展不仅源于其企业间纽带关系,也因其具有完善的基础设施。一方面,日本企业在长期经营中形成了以大企业为核心、中小企业群围绕的共生体系,大企业凭借雄厚的资本和技术,积极推进电子商务,同时也带动着大批中小企业与其一并发展。另一方面,日本传统的零售配送系统成功解决了电子商务配送和支付问题,这些为日本第三方支付产业发展创造了良好的条件。在新加坡电子商务的发展中,政府发挥了积极作用,尤其在对中小企业的支持方面发挥了重要作用。中国、印度等近年来第三方支付产业发展迅速,不成熟的网上支付系统以及买卖双方的信用问题依旧是制约其发展的重要原因。在对第三方支付机构的监管方面,亚洲国家起步普遍较晚。1988年新加坡领先其他亚洲国家,率先颁布了《电子签名法》,对第三方支付做出监管规定。亚洲其他国家和地区对于第三方支付机构的监管尚处于探索阶段。

二、国内第三方支付发展现状

在我国,传统的实体行业中支付服务往往由银行提供。随着互联网经济的发展,电子商务的出现,非现场服务等新业务类型的产生,传统的支付模式成为这些虚拟服务发展的瓶颈。

传统的支付方式往往是简单的即时性直接付转,一步支付。其中现金结算和票据结算适配当面现货交易,可实现同步交换;汇转结算中的电汇及网上直转也是一步支付,适配隔面现货交易,但若无信用保障或法律支持,会导致异步交换,容易引发非等价交换风险。

1999年,国内产生了第一家第三方支付公司——首信易支付平台,其属于早期的互联网支付网关企业,首信易二级结算模式开创了中国的在线支付。此外,网上银行的发展也成为第三方支付,尤其是网络支付的诱因和基础。在2002年之前,各大商业银行的网上银行业务在不断发展完善中,并且各自向商家提供不同规范的支付接口。由于当时金融机构统一集中还在进展之中,商业银行的多级结构为商家和消费者造成了诸多不便。2002年3月,中国银联的成立解决了多银行接口集成的问题,地方银联有条件向商家提供多银行卡在线支付接口,使异地跨行的网上支付成为可能,消费者的个人计算机作为支付服务的虚拟终端,通过Web页面输入银行卡账号和密码即可实现网上支付。

总的来说,我国第三方支付市场的发展大致可以分为三个阶段。

第一阶段——在线交易的支付网关模式。

支付网关的模式是最基本的第三方在线支付模式,第三方支付厂商是各家商户和银行之间连接的"中转站",能够有效地提升电子支付的效率,并从逻辑架构上降低搭建支付系统的成本。这种支付网关模式的第三方支付,主要特点是服务于已经达成交易的资金支付,即交易是支付的前提。支付网关模式是最普遍的第三方在线支付模式,所有第三方在线支付厂商都提供该模式,但由于其属于被动响应的服务方式,因此其发展速度受限于应用市场的发展程度。至今该模式仍在广泛使用。

第二阶段——促成交易的信用中介模式。

真正推动中国第三方支付市场发展的模式是 2004 年开始出现的信用中介模式,该模式由支付宝首创,支付宝也快速成为第三方支付市场的绝对领先者。信用中介模式的价值在于促成交易,中国互联网交易信用体系一直不健全,而信用中介的模式能够通过第三方介入的模式有效解决在线交易中的信任问题,真正实现促成交易。随着这一瓶颈的突破,中国网上零售市场得以飞速发展,而信用中介模式的第三方在线支付方式也迅速成为主流,培养了最广泛的使用人群。信用中介模式的使用前提是用户需要注册一个虚拟账户,虚拟账户的出现也大大提升了用户在线支付操作的便捷性,成为了中国第三方支付市场用户认知度最高的支付方式。除了创立该模式的支付宝外,腾讯旗下的财付通也在 2005 年年底以信用中介模式进入第三方支付市场。在中国第三方支付市场,除支付宝和财付通外,其他的厂商由于没有理想的商户平台,均没有成熟的信用支付模式应用。

第三阶段——创造交易的便捷支付工具模式。

便捷支付工具模式的重点在于工具,即支付账户或者电子钱包成为用户经常使用的具有工具属性的应用之一。便捷支付工具模式有两个方面的体现:一方面是基于互联网的支付工具,支付宝在 2008 年注册账户达到 1 亿,2009 年达到 2 亿之后,已经具备了中国互联网基本应用的属性,即与 QQ 等即时通信软件、电子邮箱一样成为中国网民上网必用的应用之一,而支付宝面向个人用户集成的公共事业缴费、信用卡还款、转账收款、电信缴费等功能则是用户主动使用支付宝的重要动因,也由此具有创造交易的价值;另一方面则是基于手机客户端的移动支付业务,随着中国 4G 时代的逐步深入,手机支付业务将会日趋成熟,支付应用与终端用户绑定得更加紧密,工具属性也将更加明确。支付宝在 2009 年下半年相继推出了面向主流智能手机操作系统的手机支付客户端,财付通也于 2014 年推出了微信支付,这些第三方支付厂商的个人支付账户工具有力地推动了移动支付市场的快速发展,便捷支付工具的模式必将成为第三方支付市场加速发展的最强推动力。

互联网、无线网络和移动网络应用的普及以及电子商务基础设施的完善促进了第三方支付行业快速发展。目前,支付宝、财付通、环讯、快钱、银联、易宝、网银在线等具有一定影响力的第三方支付企业保持稳步增长势态。根据央行发布的《2015 年支付体系运行总体情况》显示,2015 年,中国网上支付市场发展十分迅速,交易规模达到 2 018.2 万亿元,同比增长 46.67%,而在移动支付业务方面,交易金额则从 2014 年的 22.59 万亿元迅速飙升到 108.22 万亿元,同比增长了 379.06%。同时,2015 年非银行(第三方)支付机构累计发生网络支付业务 49.48 万亿元,同比增长 100.16%。

在第三方支付的各种业务形式中,银行卡收单业务目前仍然是第三方支付的主要业务形式,它伴随银行卡的普及与发展产生。持卡人通过使用银行卡而获得各种便利,并为此支付费用。而发展收单业务就是为持卡人提供使用银行卡的环境并提高使用银行卡的便利程度,因此收单业务是整个银行卡体系运行必不可少的基础。银行卡收单业务随银行卡发行开始,从2003年开始迅速发展。2003年,银行卡总发行量只有6.5亿张,受理银行卡的特约商户只有20余万家,POS机数量不到35万台,银行卡消费交易仅三千余万元。到2015年年底,我国银行卡在用发卡总量已经达到54.42亿张,全国特约商户1 670万户,联网POS机2 282.1万台,银行卡消费交易达到42.91万亿元。

预付卡是第三方支付业务中出现最早的业务形态。在20世纪80年代,就以购物券的形态承担预付卡的职能。国家对购物券和预付卡的管理政策也几经变化:1991年5月,禁发购物券;1993年4月,禁收预付卡;2006年8月,禁银行参与;2010年6月,监管第三方机构。预付卡发行与受理也从没有信息系统支撑发展为依赖IT系统支撑、多终端复用等方式实现便捷支付。

中国第三方支付保持了较高的发展速度。从2008年起,中国第三方在线支付市场能够快速发展,一方面源于用户规模的快速增长,另一方面也源于应用的快速发展,使得用户的ARPU值也得以快速提升。第三方在线支付业务不仅在网上零售市场得以广泛应用,在网络游戏、航空机票零售和分销、电信充值、公共事业缴费、信用卡还款、网络彩票、基金保险等多个领域也快速渗透。

政策的日益完善和互联网的普及,尤其是移动互联网的普及是中国第三方支付市场快速发展的主要因素。2015年中国网民达到6.88亿,互联网普及率超过了50%;手机网民规模达到6.2亿,使用手机上网人群的占比由2014年的85.8%提升至90.1%,手机成为拉动网民规模增长的首要设备。同时,中国电子商务基础设施已经成熟,电子商务安全认证体系基本形成,《电子签名法》的实施也使得支付活动有法可依。

三、支付行业的产业链构成

在非金融第三方支付行业的产业链中,上游是银行和银联等金融机构,非金融第三方支付机构是支付服务的提供商,下游是使用支付服务的商户和消费者。研究机构、投资机构、检测机构、认证机构是行业的辅助机构,为支付机构提供资金、客观评价、共同构建行业信任和活力,促进行业发展。行业协会、中国人民银行和其他监管部门从维护金融稳定、促进行业持续发展的角度对行业进行监管。行业内部支付机构自发组织形成行业协会和联盟以规范行业行为,共同开拓行业市场,完善支付技术等。

第三方支付行业的产业链构成如图1.1所示。

- 第三方支付机构

第三方支付机构是独立于银行等金融机构之外的支付机构,主要向企业或者个人提供小额支付和收款服务。第三方支付机构借助互联网、移动互联网、有线电视网、固定电话和移动电话的通信网络等渠道,通过支付网关、收单POS机、机顶盒等设备设施帮助企业和消费者完成支付交易,并不断创新更为便利和安全的支付技术与模式。

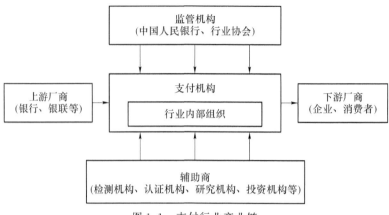

图1.1 支付行业产业链

- 上游企业

第三方支付机构的上游企业包括商业银行这类资金流入流出的机构和银联这类提供银行卡跨行交易清算的机构。第三方支付机构通过和商业银行或者银联系统连接的方式,完成下游企业的支付清算。

- 下游企业

第三方支付机构的下游企业包括:收付款企业、机构(如电子商务企业、百货零售业商家、政府机构等)和个人(如个体消费者、个体小额交易的收付)。下游企业是第三方支付机构的客户和服务对象,更是支付机构的利润来源,主要通过收取下游企业的费用实现支付机构的盈利和运营。

第三方支付业务的客户群体主要包括商户和普通消费者两类,根据支付业务技术模式的不同有所区别:

大部分支付模式都是商户作为客户群体,普通消费者作为用户群体,为商户更方便地收取消费者付费提供服务。

部分支付模式是消费者和商户都需要支付一定的费用,都是支付服务的客户,同时也都是支付业务的用户。如消费者使用拉卡拉的家用POS机,消费者使用支付宝完成货币汇兑的业务目前都需要收取初装费或者手续费。

- 辅助机构

第三方支付机构的辅助机构是独立于支付交易环节,从第三方推动支付机构和行业发展的机构。辅助机构包括:研究机构、投资机构、检测机构、认证机构等。

➢ 研究机构研究第三方支付行业市场、用户、支付技术或者企业运营,为支付机构后者投资机构、监管机构提供决策参考;

➢ 投资机构向第三方支付机构注资,为第三方支付企业提供启动和运营资金并从中获利;

➢ 检测机构对第三方支付机构业务系统的功能、性能、安全、外包等方面进行全面检测,客观反映支付机构的技术指标;

➢ 认证机构对支付机构业务系统和支付设施进行全面的评估,从技术和管理两个维度评估支付机构的运营,为监管机构和下游企业选择支付机构提供参考。

➢ 监管机构

中国人民银行的作用是对第三方支付机构进行监管,保证第三方支付市场的规范和稳定。从 2005 年开始,中国人民银行陆续发布了《支付清算组织管理办法(征求意见稿)》《非金融机构支付服务管理办法》《非金融机构支付服务管理办法实施细则》等文件,对非金融支付机构开展支付业务的权利义务、风险控制、安全系统等问题进行了规定,从政策层面上降低了行业风险,对全行业机构进行监管。

同时,2011 年支付行业成立了中国支付清算协会,会员单位包括获得《支付业务许可证》的第三方支付机构,是支付清算服务行业的自律组织,业务上由中国人民银行主管。

● 行业内部组织

为了推动行业发展,共同研究支付技术,拓展支付市场,部分第三方支付机构联合产业相关企业形成一些内部联盟,共同推动非金融支付业务发展或者提升行业安全性。例如,2011 年,由部分第三方支付机构、安全公司、浏览器厂商、电商企业等横向产业链成员,以用户支付安全为核心,成立安全支付联盟。通过联盟成员间共享技术、数据、情报等更为紧密的合作,希望对支付用户实现从终端环境、浏览器、支付系统到网银系统交易全流程的安全保护,更有效地防止钓鱼类诈骗。

四、支付业务模式及构成

目前,主要的支付业务模式包括互联网支付、固定电话支付、移动电话支付、数字电视支付、银行卡收单、预付卡发行与受理 6 种。不同支付业务类型涉及的通道不同,支付模式下商户和用户的关系也不同,因而行业构成也存在一定的差异。其中,互联网支付、固定电话支付、移动电话支付、数字电视支付业务主要由商业银行、网络运营服务商、支付机构、商户四类机构和消费者组成,如图 1.2 所示。

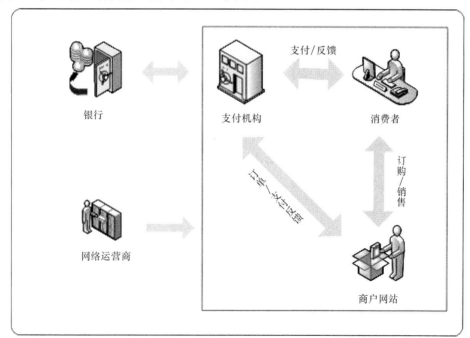

图 1.2 支付业务模式

1. 互联网支付业务构成

互联网支付业务主要由商业银行、互联网 ISP、支付机构、商户和用户五类机构组成。同时，互联网支付业务的监管机构包括中国人民银行、工业和信息化部。支付终端等所有访问互联网的设备，需要满足工信部的相关技术要求，用于电子商务的系统还应满足工信部、商务部和电子商务协会对电子商务的相关技术要求。

2. 固定电话支付业务构成

固定电话支付业务主要由商业银行、固话运营商、支付机构、商户和用户五类机构组成。固定电话支付业务的监管机构包括中国人民银行、工业和信息化部。由于支付终端为固定电话，需要满足工业和信息化部对固定电话的相关要求。

3. 移动电话支付

移动电话支付业务主要由商业银行、移动运营商、支付机构、商户和用户五类机构组成。移动电话支付业务的监管机构包括中国人民银行、工业和信息化部。由于支付终端为移动电话，需要满足工信部对移动电话的相关要求和人民银行移动支付的标准。

4. 数字电视支付

数字电视支付业务主要由商业银行、有线电视运营商、支付机构、商户和用户五类机构组成。数字电视支付业务的监管机构包括中国人民银行、国家广播电影电视总局。由于支付终端是机顶盒，因此需要满足国家广播电影电视总局的相关技术要求和标准。

5. 银行卡收单

银行卡收单业务主要由发卡银行、收单银行、收单机构、银联、商户和用户六类机构组成，如图 1.3 所示。

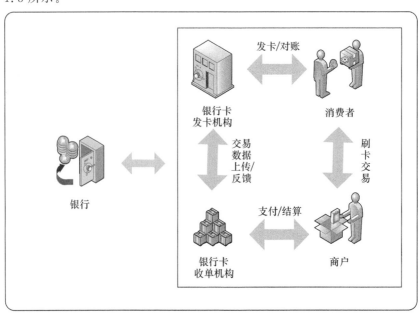

图 1.3　银行卡收单业务模式

银行卡收单业务面临的监管机构主要是中国人民银行,技术方面终端设备需符合中国人民银行和相关部门对银行卡收单设施的要求。

6. 预付卡发行与受理

预付卡发行与受理业务主要由发卡机构、受理机构、商户、用户、商业银行五类机构组成。部分使用银联或者其他卡商通道的预付卡机构可能会涉及预付卡受理渠道的服务提供商,如图1.4所示。

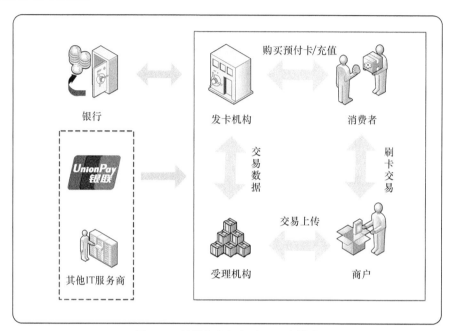

图1.4 预付卡发行与受理业务模式

预付卡发行与受理业务中多用途卡受中国人民银行的监管,单用途卡受商务部的监管。如果借用银联的通道,刷卡终端需符合银联的企业标准;如果和公交或者社保等卡片复用,还需要符合建设部和社保对刷卡终端的要求。

第三节 第三方支付的监管

中国人民银行从外部监管的角度对非金融第三方机构支付服务进行监督管理,依据《非金融机构支付服务管理办法》的规定,除对支付机构的整体要求外,也在业务和技术层面对非金融机构支付服务进行了规定。

一、监管原则及监管机构

中国人民银行对非金融机构第三方支付服务的监管主要从支付业务、支付技术和反洗钱三个角度开展。

从支付业务管理的角度,第三方支付业务由中国人民银行及其分支机构的业务管理部门负责管理,接收第三方支付机构申请,审查并发放《支付业务许可证》,接受支付机构提交的业务报表,开展支付业务的日常监管。

从支付技术管理的角度,第三方支付机构支付业务系统的技术风险、技术管理由中国人民银行及其分支机构的技术管理部门负责。中国人民银行科技管理部门推动建立了第三方支付业务系统检测和支付业务设施技术认证体系,引入检测和认证机构的专业力量对第三方支付机构的业务系统和技术设施进行检测和日常审查,实现对第三方支付机构的技术管理。

中国人民银行采用"两个原则,两条主线,四个重点,一个信息库"的管理思路实现对支付机构的技术管理。这其中,"两个原则",一是严格落实属地化管理,二是技术管理标准趋同于金融机构。"两条主线",一是利用行政手段,调用分支行的力量,二是从检测认证入手,充分利用检测认证体系的力量。中国人民银行科技管理部门对于相关检测机构和认证机构进行监督和管理,采信检测机构和认证机构的检测审查结果,对支付机构开展技术设施的监督和管理。"四个重点"是对重点区域、重点机构、重点业务与重点风险进行重点监管。"一个信息库"是建立支付机构信息库。

中国人民银行对第三方支付机构监管的一条主线是充分利用检测认证体系的力量,发挥检测、认证机构的作用,实现对第三方支付机构的有效管理。为此,中国人民银行2011年发布了《非金融机构支付服务业务设施认证规范》,并于2012年5月14日公告了两家认证机构,依据该规范对非金融机构拟申请《支付业务许可证》的支付业务设施进行认证审查,对通过认证审查的非金融机构颁发认证证书,并在证书有效期内对获得认证的第三方支付机构进行监督,以审查其是否持续满足相关要求。

认证机构对第三方支付机构进行认证审查的主要依据是检测机构对支付业务设施的检测结果。为此,中国人民银行也公告了9家检测机构,依据《非金融机构支付服务业务系统检测规范》对非金融机构的支付业务系统进行检测,并出具检测报告。

二、监管政策

关于非金融机构支付服务的管理,中国人民银行从机构管理、业务管理和技术管理三个方面都进行了相关规定,对支付机构的资质、支付机构的业务活动要求和相应的技术遵从进行了明确。

2005年,中国人民银行颁布的《电子支付指引(第一号)》明确指出了境内银行业金融机构开展电子支付业务适用该指引。但是根据指引对银行业金融机构的解释(在中华人民共和国境内设立的商业银行、城市信用合作社、农村信用合作社等吸收公众存款的金融机构以及政策性银行),第三方支付公司并不属于银行业金融机构,因此第三方支付公司尚未纳入该指引的规范对象。

2005年10月,中国人民银行发布了《支付清算组织管理办法(征求意见稿)》,该办法第二条规定:"本办法所称支付清算组织,是指依照有关法律法规和本办法规定在中华人民共和国境内设立的,向参与者提供支付清算服务的法人组织。"这其中包括为银行业金融机构或其他机构及个人提供支付清算服务的机构。根据该规定,中国人民银行的监管范围包括了非金融支付机构这样的非银行机构。

2010年6月21日,中国人民银行出台《非金融机构支付服务管理办法》,明确规定:"金融机构提供支付服务,应当依据本办法规定取得《支付业务许可证》,成为支付机构;支付机构依法接受中国人民银行的监督管理;未经中国人民银行批准,任何非金融机构和个人不得从事或变相从事支付业务。"《非金融机构支付服务管理办法》对非金融支付机构提出了一系列要求,符合其规定者方可申报。该办法从2010年9月1日开始执行。

2010年12月,中国人民银行在其网站上正式公布了《非金融机构支付服务管理办法实施细则》,对支付机构从事支付业务的最基本规则、申请人资质条件等进行细化,明确了非金融支付机构申请的资质,为非金融支付机构获取《支付业务许可证》给出了最终的政策性解释。

2011年5月26日,中国人民银行批准发布第一批《支付业务许可证》,27家非金融支付机构获证。

2011年6月,中国人民银行发布了《非金融机构支付服务业务系统检测认证管理规定》,保障非金融机构支付服务业务系统检测认证工作规范有序开展。随后发布了《非金融机构支付业务设施技术认证规范》,两个月后发布了检测机构的名单,保障了支付业务系统检测认证工作的客观性、全面性和有效性。除对非金融支付机构的整体要求外,对非金融机构支付服务在业务模型和技术管控层面均进行了规定。

适用于非金融支付机构的管理规定包括:

《支付清算组织管理办法》、《非金融机构支付服务管理办法》、《非金融机构支付服务管理办法实施细则》、《支付机构反洗钱和反恐怖融资管理办法》、《支付机构客户备付金存管暂行办法》(征求意见稿)、《非银行支付机构网络支付业务管理办法》;

适用于专项支付业务的管理规定包括:

《支付机构互联网支付业务管理办法》(征求意见稿)、《银行卡收单业务管理办法》(征求意见稿)、《支付机构预付卡业务管理办法》;

适用于支付技术管理的规定包括:

《非金融机构支付服务业务系统检测认证管理规定》、《非金融机构支付业务设施技术认证规范》、《非金融机构支付业务系统检测规范》;

本章小结

本章主要介绍了第三方支付的基本概念、发展状况和监管方式。电子商务的发展促进了第三方支付的不断发展,第三方支付已经成为电子商务中最重要的支付手段,第三方支付的创新性应用反过来也极大地推进了电子商务的发展,两者相互促进,相互影响。正是由于这种快速发展,第三方支付已经开始深深地影响人们的社会生活,我们可以预见,未来无论是传统行业还是新兴行业,创新型的支付将给我们的消费观念商业模式乃至金融竞争格局带来更多的变化。

第二章　第三方支付平台

第一节　第三方支付平台的基本概念

一、第三方支付平台定义

第三方支付平台是指通过与国内外各大银行签约,由具备一定实力和信誉保障的第三方独立机构提供的交易支持平台。由第三方平台作为中介,在网上交易的商家和消费者之间作一个信用的中转,通过改造支付流程来约束双方的行为,从而在一定程度上缓解彼此对双方信用的猜疑,增加对网上购物的可信度。

除了信用中介,第三方支付平台还承担安全保障和技术支持的作用,与银行的交易接口直接对接,支持多家银行的多卡种支付,采用国际先进 SSL-128 位加密模式,在银行、消费者和商家之间传输和存储资料。同时还根据不同用户的需要对界面、功能等进行调整,增加个性化和人性化的特征。

二、第三方支付平台分类

第三方支付平台主要分为两大类:

1. 银行网关代理支付

第三方支付机构与各大银行签订代理网关的合同,将银行提供的支付网关接口与本企业的支付系统进行无缝连接,建立集成了众多银行支付网关的支付系统平台,从而为用户提供跨银行的支付服务。

需要注意的是,银行支付网关是连接银行网络与互联网的一组服务器,主要作用是完成两者之间的通信、协议转换和进行数据加密、解密,以保护银行内部的安全。因此,银行网关代理支付服务与直接通过银行网关支付的区别在于前者的支付服务提供者是第三方支付企业,而后者则是银行本身。

2. 账户支付

目前,很多第三方支付平台使用账户支付的方式,如支付宝、快钱等都是基于用户账户进行支付的方式。账户支付的特点是不需要频繁地输入银行卡的密码和账号,因此比较安全,但是抵抗假冒网站和账户欺诈的能力比较低,存在一定的安全隐患。

使用账户支付需要经历两个过程:充值过程和实际支付过程。完成实际支付的前提是账户中必须有足够的资金,当资金余额不足以完成支付时,可以向账户中充值以完成支付。通常,充值过程与实际支付过程是相对独立的,完成充值的用户不一定马上就进行支付,而进行支付也不需要每次都预先充值。

使用账户支付可以避免银行卡号在互联网中传输的危险。账户在银行卡账号和互联网之间形成了一个隔离层。支付服务器有时候会发送邮件或短信等账户信息给用户,这些信息的存在导致了账户欺诈的产生,一些不法分子冒充支付服务商发送信息给用户,骗取用户的账号、银行卡等敏感信息。

三、第三方账户支付交易流程

当前,账户支付是第三方支付平台网络支付的主要方式,在交易过程中,买方选购商品后,使用其在第三方支付平台的注册账户进行货款支付,随后由第三方通知卖家货款到达,进行发货;在买方收货并检验物品后,就可以通知支付平台付款给卖家,平台再将款项转至卖家账户。

在第三方支付模式下,买卖双方只交换商品选购信息,而不直接交换支付信息,确保卖方无法获知买方的银行卡等敏感信息,同时也能够避免银行卡等信息在网络上频繁传输而导致的相关信息泄露。在这种情况下,支付信息只在买方和第三方支付平台之间进行交换,如果采用账户支付的方式,这些信息仅包括支付账户信息,而不包括银行卡信息,在一定程度上也保障了用户资金的安全。

不过,需要注意的是,如果用户通过银行卡向第三方平台的支付账户进行充值,仍然需要通过支付平台向银行网关转发银行卡信息。同时,大多数支付平台为了方便用户不必每次都输入银行卡号信息,会以绑定银行卡的方式将银行账号与支付平台的支付账户进行关联,此时支付平台往往保存了大量用户的银行卡等重要信息,因此平台的安全性对用户的信息安全显得尤为重要。一旦平台因遭受攻击而导致信息泄露,将可能造成无法估量的损失。

以 B2C 交易为例,第三方账户支付模式的交易流程如下:

(1)买方在电子商务网站上选购商品,买卖双方达成交易意向并确定购买;

(2)买方选择第三方支付平台作为支付中介,通过第三方支付平台将货款从自己的支付账户划转到第三方账户;

(3)第三方支付平台将买方已经付款的消息通知卖方,并要求卖方在规定时间内发货;

(4)卖方收到通知后按照订单发货,并在网站上做相应的记录,买方可以在网站上查看自己所购商品的状态。如果卖方一直没有发货,则第三方支付平台会通知买方交易失败,并将货款划回其支付账户;

(5)如果买方收到货物并验货无误,则通知第三方支付平台付款,第三方支付平台将

其账户上的货款划入卖方账户中,交易完成;

(6) 如果对商品不满意或者与商家承诺有出入,可通知第三方支付平台拒付货款并将货物退回,第三方支付平台确认卖方收到货物后,将货款划回买方账户。

第三方支付流程如图2.1所示。

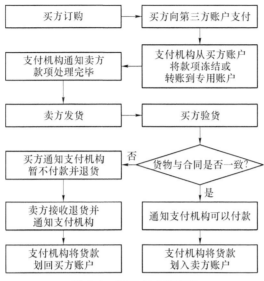

图2.1 第三方支付流程

四、第三方支付平台的盈利模式

第三方支付平台的盈利模式主要有四种。

1. 收取买方或卖方的手续费或佣金

收取交易中介费历来是电子商务中介最重要的收入来源之一,第三方支付机构也不例外,其收费的依据是交易金额的一定比例,有时也包括门槛费,即注册费用等。

这种方式是国际上较成熟的电子商务第三方支付模式,典型的是美国电子商务企业eBay及其支付工具PayPal。但是,eBay将这种模式引入中国市场并不是很成功。而随后发展起来的"淘宝网"和其第三方支付工具"支付宝"则推出完全免费的策略,并大获成功。这使得国内的第三方支付服务不得不更多地采用免费或减少收费的方案。

2. 沉淀资金的利息

由于第三方支付机构并没有银行等金融业务牌照,不能开展存款等银行业务,因此第三方支付账户内的资金实际上是以存款形式保存在支付机构在银行开立的银行账户中的。而支付工具的业务属性决定了买卖双方的交易资金在交易期间必定有一段时间存放在第三方支付机构的银行账户上的,且往往规模巨大。例如,如果一笔交易的资金停留时间在7~8天之间,那么一个三百亿元年交易额的支付工具平均沉淀资金在6亿~10亿元之间。若银行按照协议利率支付利息,则利息收入非常可观,并且随着第三方支付工具交易规模的不断扩大,利息成为一种稳定而可靠的收入来源。

但是在现阶段,为了保障用户交易资金的安全,第三方支付账户中的沉淀资金受到中国银监会的监管,限制其他高回报的投资途径,因此在目前存款利率较低的时期,沉淀资金不会给第三方支付机构带来更高的收入。

3. 广告收入

广告与互联网是相伴相生的,所有网站或多或少都会有广告的存在,特别是在搜索网站和门户网站上。广告收入也成为支撑网络经济不断发展的动力。与广告收入高低相关的是用户数和在线浏览量,用户数目越多,每天在线浏览量越大,则广告的影响力越大,收费也越高,这也充分体现了互联网"注意力经济"的特征。

随着第三方支付工具用户量不断地增加,浏览量也逐年攀升,使得通过出租网页上广告位置,为客户提供排他性推荐并收取费用成为可能。效仿门户网站的做法,进行广告位置拍卖并对网站的搜索排名进行拍卖,可以带来可观的收入,成为第三方支付机构的重要收入来源。但是,这项收入尚不能与本身在外广告投入费用相比。

4. 增值服务

增值服务的核心内容是根据客户需要,为客户提供的超出常规服务范围的服务,或者采用超出常规的服务方法提供的服务。现阶段这方面的服务较少,专业性也不是很强,各家第三方支付机构都在这一块投入人力和资金,推进增值服务的发展。

第二节 典型的第三方支付平台

一、支付宝

1. 支付宝的发展历程

支付宝是国内领先的独立第三方支付平台,由阿里巴巴集团创办,在电商支付、移动支付、航空支付等多个领域占有优势。

支付宝的出现最初是植根于 C2C 电商平台淘宝的,目的是解决买卖双方的互信问题。因此 2003 年推出的支付宝仅作为一款支持淘宝网发展的支付工具存在,主要针对淘宝购物信用问题构建"担保交易"模式,让买家在确认满意所购的产品后才将款项发放给卖家,充当淘宝网资金流工具角色,降低网上购物的交易风险,支付宝对建立淘宝网买卖双方信用起到不可或缺的作用。

淘宝网的发展为支付宝带来源源不断的用户,阿里巴巴管理层认识到支付宝不应该只是淘宝网的一个应用工具,他们认为"支付宝或许可以是个独立的产品,成为所有电子商务网站一个非常基础的服务"。2004 年 12 月支付宝从淘宝网分拆,支付宝网站上线,并通过浙江支付宝网络科技有限公司独立运营,宣告支付宝从淘宝网的第三方担保平台向独立支付平台发展。

支付宝首先切入的是网游、航空机票、B2C等网络化较高的外部市场,至2006年年底,使用支付宝作为支付工具的非淘宝网商家,如数码通信、游戏点卡等企业已经达到30万家以上,支付宝独立支付平台的身份也开始被外界所接受。2008年10月份支付宝宣布正式进入公共事业性缴费市场,通过支付宝网上缴纳水、电、煤以及通信费等日常费用,另外支付宝与卓越亚马逊、京东商城、红孩子等独立B2C展开合作,成为其平台的支付方式之一,并推出WAP手机版,布局移动领域。2010年起,支付宝启动"聚生活"战略,从"缴费服务"向"整合生活资源"进行战略转型,实现水电煤缴费、信用卡还款、缴纳罚款、学费、行政类缴费以及网络捐赠等多项服务,同时支付宝推出"快捷支付",用户无须开通网银便可用银行卡进行网上交易支付。

2011年5月,支付宝获得由中国人民银行颁布的首批第三方支付牌照,支付宝业务范围涵盖货币汇兑、互联网支付、移动电话支付、预付卡发行与受理(仅限于线上实名支付账户充值)、银行卡收单等,并开始通过扫码支付等方式进军线下支付市场。2013年6月余额宝服务正式上线,支付宝借助其在第三方支付领域取得的技术优势、市场优势和数据优势开始从单纯的支付服务向互联网金融服务发展,并于2014年推出虚拟信用卡服务。

2. 支付宝的主要产品和服务

(1) 付款类产品和服务

支持互联网支付是支付宝的基础功能,帮助用户便捷完成网购支付过程,用户可享有支付宝多种付款方式。

快捷支付与支付宝卡通:支付宝与银行携手推出的方便、安全且有保障的支付方式。用户只需要拥有支付宝账户及一张银行卡即可开通快捷支付或支付宝卡通,无须烦琐的网银页面、U盾等操作,只需要输入一个支付宝密码便可完成支付。为了防止账户盗用,快捷支付及支付宝卡通采用支付密码、手机动态校验码等支付宝安全体系保障用户支付安全。

余额付款:用支付宝余额可完成多种项目的迅速付款,无设置付款金额上限,用户可选择申请数字证书、手机动态口令或者支付盾来保护账户余额安全。用户可使用网上银行、支付宝卡通、网店充值、消费卡四种方式为支付宝充值。

信用卡分期付款:支付宝为用户在淘宝或其他支付宝合作商家购物时,使用信用卡付款提供的分期付款渠道,目前采用的是信用卡快捷支付方式。实物类商品且交易达到设定金额,用户可以选择将购买的商品和运费的总价平均分成3期、6期、12期等若干期数(月份),并通过使用信用卡快捷支付一次性完成扣款。付款完成后,用户再根据信用卡账单和还款期数偿还每期(月)款项。

支付宝卡:支付宝发行的自有预付卡,卡内资金可以在所有支付宝支持的商家购买商品时使用,如天猫商城及淘宝。支付宝卡不记名,不挂失,且有一定的有效期,发生退货时,使用支付宝卡支付部分的资金退回卡账户,不予提现。购买支付宝卡的网店有支付宝合作营业商家、便利店、超市等。

代付:代付指的是用户在网上购买商品后,填写代付信息后通知代付人帮用户完成网上付款。

国际信用卡支付：支付宝与 VISA、MasterCard、JCB 等国际银行卡组织合作推出的信用卡网上支付产品，覆盖全球多个国家和地区。用户只需在严格加密的环境下输入校验信息进行银行卡及身份验证，即可便捷地完成网上支付。

（2）转账服务

支付宝转账服务包括转账到银行卡、转账到他人支付宝账户、AA 收款和我要收款四个基本业务，为用户提供一个安全快捷的转账平台。AA 收款是由收款方创建的即时到账交易，交易建立之后在对方账户将会显示一笔"等待买家付款"的即时到账交易，对方可以登录支付宝账户，进入"交易记录"中进行付款，付款成功后，收款方将会立即收到这笔交易资金，完成收款。我要收款则是指通过实名认证的用户只需要知道对方的支付宝账户（邮箱、手机）就可以向对方进行收款的业务。对方付款后款项将立即到达收款方的账户。

（3）还款服务

支付宝支持信用卡还款、还贷款、还助学贷款及还淘宝贷款服务，支持网上银行、快捷支付及支付宝余额三种还贷方式，在填写相关信息后完成还款过程。

（4）生活助手

支付宝建立支付宝公共事业缴费平台，利用互联网进行公共事业一站式缴费服务，通过银行与缴费单位建立连接，支持多地区和多种类的缴费项目，用户可以通过计算机、手机轻松完成包括水费、电费、煤气费、固话通信费等公共事业费用的缴费，减少了通过银行或者相关公共事业单位的营业厅完成缴费过程的烦琐和困扰。目前，支付宝还支持大学校园一卡通充值、教育缴费、交通罚款代办、加油卡充值、物业缴费、有线电视缴费、医院挂号等各项生活便利性支付服务。

（5）理财产品余额宝

余额宝是由第三方支付平台支付宝为个人用户提供的一项余额增值服务。余额宝实质是天宏货币基金，转入余额宝的资金在第二个工作日由基金公司进行份额确认，对已确认的份额会开始计算收益。与一般的基金不同，通过余额宝，用户不仅能够随时将资金转入余额宝获取收益，还能随时进行消费支付和转出，避免了用户申购、赎回等一系列操作过程和资金到账延迟。余额宝推出后，由于其对小额资金理财的适用性、使用的方便性和较高的收益率，规模迅速扩大。天宏基金 2016 年第二季度数据显示，余额宝规模已达到 8 163 亿元，用户数接近 3 亿。但是，由于余额宝的基金投资属性，仍然存在一定的风险，并且余额宝用户群体众多，资金链庞大，一旦发生问题将会在一定程度上引起金融体系的紊乱，因此余额宝基金管理体系的不断完善与此类理财产品的监管也越来越受到社会和相关管理机构的关注。

二、财付通

财付通是腾讯公司创办的在线支付平台，为个人用户和企业提供安全、便捷的在线支付服务。2005 年 9 月，腾讯公司正式推出财付通。财付通与微信、腾讯 QQ、拍拍网有着很好的融合，通过红包等社交支付应用快速发展，市场份额仅次于支付宝。

个人用户通过注册财付通后,即可在拍拍网及40多万家购物网站轻松进行购物。财付通支持全国各大银行的网银支付,用户也可以先充值到财付通,享受更加便捷的财付通余额支付体验。财付通的提现、收款、付款等配套账户功能,让资金使用更灵活。财付通还为广大用户提供了手机充值、游戏充值、信用卡还款、机票专区等特色便民服务,让生活更方便。

针对企业用户,财付通构建了全新的综合支付平台,业务覆盖B2B、B2C和C2C各领域,提供卓越的网上支付及清算服务,还提供了安全可靠的支付清算服务和极富特色的QQ营销资源支持,与广大商户共享腾讯用户资源。

三、PayPal

PayPal是eBay旗下的一家支付服务公司,致力于让个人或企业通过电子邮件,安全、简单、便捷地实现在线付款和收款。PayPal账户是PayPal公司推出的最安全的网络电子账户,使用PayPal可有效地降低网络欺诈的发生。PayPal账户所集成的高级管理功能,使用户能够掌控每一笔交易详情。目前,在跨国交易中超过90%的卖家和超过85%的买家认可并正在使用PayPal电子支付业务。

PayPal是在全球范围内广泛使用的国际贸易支付工具,即时支付,即时到账,注册PayPal后就可以接受信用卡付款。PayPal在中国通过两个独立运作的网站提供在线支付服务——PayPal中国(www.PayPal.com/c2)和贝宝(www.PayPal.com/cn)。

PayPal中国:与PayPal全球支付平台相连,可在190个国家和地区进行交易;接收美元、加元、英镑、澳元、日元等23种国际货币的付款;支持国际信用卡,可在支持PayPal付款的任意网站上轻松消费;在接收付款时,需要支付少许费用。

贝宝:不与PayPal全球平台相连;只能用于向中国用户付款和收款;仅在中国地区受理人民币;该业务目前不收费。

四、易宝支付

易宝支付专注于金融增值服务领域,通过网络支付为企业提供更丰富的增值服务。在立足于网络支付的同时,将互联网、手机、固定电话整合在一个平台上,相继推出短信支付、手机充值和电话支付业务,实现离线支付,为更多传统行业搭建了电子支付的高速公路。

无论是在线支付、电话支付还是短信支付,透过易宝支付,银行可以与更多的消费者和广大商家在不同的支付终端相遇,为更多的需求提供有针对性的金融服务。易宝支付商家管理系统可以使商户方便地自助式接入易宝支付,而无须进行任何开发,降低了接入门槛,同时可以享受易宝支付提供的各种增值服务、互动营销推广以及各种丰富多彩的线下活动,拓展商务合作关系,发展商业合作伙伴,达到多赢的目的。

五、快钱

快钱是国内一家独立第三方支付企业,其推出的支付产品包括人民币支付、外卡支付、神州行卡支付、联通充值卡支付、VPOS支付等众多支付产品,支持互联网、手机、电话和POS等多种终端,满足各类企业和个人的不同支付需求。截至2010年2月28日,快钱已拥有5 700万注册用户和逾41万商业合作伙伴,并荣获中国信息安全产品测评认证中心颁发的"支付清算系统安全技术保障级一级"认证证书和国际PCI安全认证。

快钱产品和服务的高度安全性以及严格的风险控制体系深受业内专家和众多企业及消费者的好评,快钱电子支付平台采用了国际上最先进的应用服务器和数据库系统,支付信息的传输采用了128位的SSL加密算法,整套安全体系完成了PCI安全标准委员会PCI-SSC的PCI数据安全标准(Payment Card Industry Data Security Standard,PCI DSS)V1.2的合规性评估,而美国Oracle公司、VeriSign数字安全公司和McAfee网络安全公司每天为快钱提供全面的安全服务,确保了数以亿计交易资金往来的安全。

六、其他

(1)百付宝,是由百度在2008年9月25日晚8点正式推出的C2C支付平台。百付宝提供网上支付和清算服务,为用户提供在线充值、交易管理、在线支付、提现、账户提醒等功能,通过双重密码设置和安全中心的实时监控功能为百付宝账户安全提供保障。

(2)环迅支付,上海环迅电子商务有限公司成立于2000年,是国内最早的支付公司之一。环迅支付集成了银行卡支付、IPS账户支付及电话支付等几大主流功能,并自主研发了包括酒店预定通、票务通等新产品,为消费者、商户、企业和金融机构提供服务。

(3)汇付天下,致力于建立中国领先的网银集成网络,为企业和个人用户提供网上支付、跨行汇款、个人理财等产品及应用。

(4)网易宝,是网易公司为方便网易用户网上交易推出的在线支付与代收平台,为网易公司提供的各种产品(点卡、游戏周边、交友、印像派等)提供支付服务,或者在网易公司官方的游戏装备交易平台"藏宝阁"上进行交易支付。

第三节 第三方支付服务平台现状分析

一、第三方支付服务的整体状况

非金融机构各类业务发展不均衡,各类业务的起步时间、发展速度和现阶段所处状态均不一样。

互联网支付,最早出现于2003年,2005年支付宝依托淘宝和阿里巴巴的电子商务平台迅速成长成为中国第一大互联网支付机构,至今仍拥有最多的用户数和最高的日交易量。互联网支付的交易额从 2005 年开始迅速攀升。根据艾瑞咨询的统计,2011 年互联网支付交易额达到 22 038 亿元。目前申请互联网支付业务的支付机构共有 121 家,仅次于申请预付卡发行与受理类业务的支付机构数。

固定电话支付,最早出现于固网运营商,2003 年中国电信和中国银联"家加 e"金融增值业务合作之后,迅速从固定电话支付终端、支付产品推广为各省固网的增值服务产品,2007 年固定电话支付终端数量达到 40 万。固定电话用户数量目前逐渐趋于稳定,同时开展该项服务的厂商主要采用和运营商合作的模式。目前,申请固定电话支付业务的机构只有 19 家。

移动电话支付,随着智能手机的应用,移动电话支付的形态也越来越多,并且随着移动互联网的发展,2012 年中国手机用户数量突破 10 亿。根据艾瑞咨询的调查数据,中国智能手机用户达到 2.52 亿。同时,用手机代替钱包的支付模式日益受到各界的热切关注。但是移动电话支付目前在近场支付的标准方面尚未形成统一的标准,支付产品种类繁多、标准不一,这种业务形态处于高速成长期。目前,申请移动电话支付的机构有 46 家。

数字电视支付,随着三网融合的发展和数字电视的普及,数字电视支付成为国内相对新型的一个支付业务,处于刚刚起步阶段。由于电视网的分区域运营模式,尚未形成全国省网的整合,因此当前数字电视支付的业务主要还是区域性的。目前,申请数字电视支付的机构有 7 家。

银行卡收单,随着银行卡尤其是信用卡的应用快速发展的支付模式。银联商务作为国内最大的银行卡收单机构,有超过 500 万台 POS 终端。随着支付宝快捷支付这类网络收单等创新模式的出现,银行卡收单的业务也逐渐打破垄断,越来越多的支付机构涉足此类业务。目前,申请银行卡收单业务的支付机构有 58 家。

预付卡发行与受理是最古老的一种支付业务模式,最早在 20 世纪 90 年代就已出现。单用途的预付卡不在非金融支付机构的管辖范围内。多用途的预付卡模式相对简单,业务模式相差不大,是当前支付机构数量最多的一种业务形态。目前,申请预付卡发行与受理业务的支付机构有 196 家。

二、互联网支付业务系统

1. 互联网支付业务模式

2011 年 11 月,中国人民银行发布了《支付机构互联网支付业务管理办法(征求意见稿)》,对支付机构的互联网支付业务提出了具体管理办法。

《支付机构互联网支付业务管理办法(征求意见稿)》第五部分对风险管理进行了明确,对信息技术安全管理的标准和依据、业务连续性和应急响应、数据安全、客户个人敏感信息保护、IT 外包管理、数字签名和认证等信息技术风险相关的部分进行了明确。

鉴于互联网支付机构服务的互联网特约商户(以下简称特约商户)只能是指基于互联网信息系统直接向消费者销售商品或提供服务,并接受支付机构互联网支付服务完成资金结算的法人、其他组织或自然人。互联网支付业务还应遵循商务部和中国人民银行对电子商务相关的规定和要求：

● 2004年8月,商务部发布的《中华人民共和国电子签名法》中对电子认证的相关规定；
● 2005年4月,中国电子商务协会发布的《网上交易平台服务自律规范》中对网上交易的要求；
● 2007年3月,商务部发布的《关于网上交易的指导意见(暂行)》；
● 2007年12月,商务部发布的《关于促进电子商务规范发展的意见》；
● 2008年4月,商务部发布的《电子商务模式规范》和《网络购物服务规范》；
● 2009年11月,商务部发布的《关于加快流通领域电子商务发展的意见》；
● 2010年6月,国家工商总局发布的《网络商品交易及有关服务行为管理暂行办法》。

按照支付机构提供的支付服务方式不同,互联网支付分为一般支付、担保支付和协议支付三种模式。

(1) 一般支付

一般支付是指客户在商户提供的平台上选购商品或服务,并在支付服务方确认付款的支付交易流程。本业务的交易特点为:客户在支付服务方进行身份认证、支付工具确认等,并且支付服务方不对交易双方提供交易担保。一般支付的业务模式如图2.2所示。

① 客户在商户网站选购产品或服务；
② 商户生成订单,并发送给支付服务方；
③ 客户在支付服务方验证身份信息,完成付款；
④ 支付服务方同时将支付成功通知反馈给客户和商户；
⑤ 商户收到支付成功通知后进行发货处理,提供产品或服务。

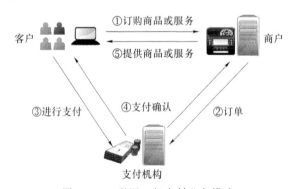

图 2.2 互联网一般支付业务模式

(2) 担保支付

担保支付是指在一般支付中,由支付服务方为支付的双方提供交易担保,支付成功时支付服务方把付款人的资金暂存在一个中间账户,由付款人在确认收到产品或服务后或者在指定期限内付款人未进行收货确认时,把资金划转到收款人账户的一种业务。担保支付的业务模式如图2.3所示。

① 客户在商户网站选购产品或服务,并使用担保支付;
② 商户生成订单,并发送给支付服务方;
③ 客户在支付服务方验证身份信息,并确认付款;
④ 付款成功后支付服务方发送支付成功通知给商户;
⑤ 商户收到支付成功通知后进行发货处理,提供产品或服务;
⑥ 商户通知支付服务方完成发货;
⑦ 买家收到货后在支付服务方确认收货;
⑧ 支付服务方将款项转入商户账户或在订单中指定的收款账户,并将用户确认收货的通知发送给商户。

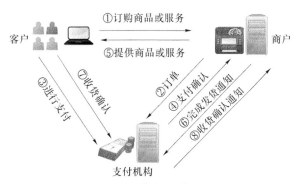

图 2.3 互联网担保支付业务模式

(3) 协议支付

协议支付是指客户、商户、支付服务方事前签约,在支付时商户根据签约凭证直接向支付服务方发起扣款交易。协议支付要求客户信任商户能够保障自己的资金安全。协议支付的业务模式如图 2.4 所示。

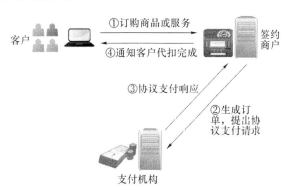

图 2.4 互联网协议支付业务模式

① 签约客户在商户网站选购产品或服务,并使用协议支付;
② 商户获取客户订单并根据客户信息获取客户签订的协议支付号,向支付服务方发起协议支付请求;
③ 支付服务方根据协议号扣款,并把处理结果(协议支付响应)反馈给商户;

④ 商户通知客户代扣完成,进行发货处理,提供产品或服务。

2. 互联网支付平台业务特点

互联网支付平台是以计算机网络为基础的,它将负载有特定信息的电子数据取代传统的支付方式来进行资金流转。支付行为发生在开放的公共互联网,主要有如下特点:
- 网络平台开放;
- 互联网用户入网身份匿名;
- 外部威胁多而复杂;
- 用户数量巨大,交易虚拟化,对个人身份识别和认证要求更高;
- 支付服务是电子商务行为的一部分;
- 支付服务产品多,微创新多;
- 用户支付过程中互动环节相对较多。

3. 互联网支付平台的主要问题

目前互联网支付平台的主要问题表现在功能和应用安全方面,例如:
- 某些平台的部分功能缺失,如撤销交易、退款、资金审核等;
- 系统交互过程中缺乏应有提示;
- 支付系统在风险管控策略上的实现不足;
- 系统存在兼容性问题;
- 系统存在业务方面的风险和漏洞,如关闭浏览器后无须登录直接可继续支付等;
- 应用系统的身份识别机制不足,如缺乏或者双因素认证机制不健全等;
- 网站的外部风险防范不足,如对钓鱼网站的防范、对 DDOS 攻击的防范等;
- 网站的权限管理控制不足,如普通用户具备管理员权限等。

三、固定电话支付业务系统

中国人民银行对固定电话支付业务尚无专项的政策要求,从事固定电话支付的机构遵循对非金融机构支付服务的统一要求即可。固定电话支付用于电子商务的销售时还应符合商务部、电子商务协会的相关规定,具体如下:
- 2007 年 12 月,商务部发布的《关于促进电子商务规范发展的意见》;
- 2008 年 4 月,商务部发布的《电子商务模式规范》和《网络购物服务规范》;
- 2009 年 11 月,商务部发布的《关于加快流通领域电子商务发展的意见》;
- 2010 年 6 月,国家工商总局发布的《网络商品交易及有关服务行为管理暂行办法》。

固定电话支付客户在固定电话上以语音 IVR 方式发出支付指令,通过 IVR 服务器在支付服务方确认付款的支付交易流程。固定电话支付的业务模式如图 2.5 所示。

① 用户拨打固定电话指定号码,根据语音提示选择商品或服务,并输入账户信息,固定电话对交易信息进行信号转换(具有加密功能的终端则在转换前对敏感信息进行加密处理),发送到 IVR 服务器;

② IVR 服务器将语音信号转变为数字信号,并对敏感信息进行软/硬加密,组成报文并发送给支付服务方(如终端已进行加密,则直接转发);

③ 支付服务方系统解析报文并执行交易,并将交易的结果反馈给 IVR 服务器;

④ IVR 服务器将交易的结果以语音的形式通知用户。

图 2.5 固定电话支付业务模式

固定电话支付系统以固话通信网络为基础,以语音 IVR 方式发出支付指令,开展交易。固定电话支付系统主要应用于电视购物、电话购物和电子商务领域,有如下特点:

- 固定电话支付起步早,用户人群相对稳定;
- 固定电话系统相对封闭;
- 固定电话支付过程相对简单;
- 用户的交互环节相对较少。

目前,固定电话支付系统的问题主要表现在功能问题和应用安全方面。

- 部分功能缺失,如缺少查询功能等;
- 系统交互过程中缺乏应有提示;
- 支付系统在风险管控策略上的实现不足,如不能对规定的风险交易进行阻断或者采取相关的风控措施、风险报表功能不足等;
- 商户平台管理存在漏洞,如商户平台正常退出后,访问 URL 仍可登录操作,口令长度和复杂度缺乏要求等,未使用数字证书。
- 应用系统缺少相应的认证机制,如缺少第三方认证机制,缺少公钥和证书机制。

四、移动电话支付业务系统

中国人民银行对移动电话支付业务目前尚无专项的政策要求,但 2012 年组织制定的移动支付标准中包含了移动电话支付的内容。目前,移动电话支付业务遵循非金融机构支付服务的相关要求即可。

移动电话支付可区分为远程支付和近场支付,其技术实现方式非常丰富。从最初的手机短信支付到手机 WAP 网站支付,再到近年兴起的近场支付,移动电话支付不断成熟,快速发展。

1. 远程支付

远程支付是客户在商户提供的平台上选购商品或服务,并以短信、WAP、客户端软件以及客户端软件加智能卡等方式在支付服务方确认付款的支付交易流程。远程支付技术主要包括:

SMS 技术:短消息服务(Short Messaging Service,SMS)是一种消息存储和转发服务技术。

IVR 技术:互动式语音应答(Interactive Voice Response,IVR)是一种基于电话的语音增值业务的统称。用户只需用电话即可进入服务中心,根据操作提示完成相应的操作。

WAP 技术:WAP(Wireless Application Protocol)为无线应用协议,是一项全球性的网络通信协议。WAP 使移动 Internet 有了一个通行的标准,其目标是将 Internet 的丰富信息及先进的业务引入到移动电话等无线终端之中。WAP 定义可通用的平台,把目前 Internet 上 HTML 语言的信息转换成用 WML(Wireless Markup Language)描述的信息,显示在移动电话的显示屏上。WAP 只要求移动电话和 WAP 代理服务器的支持,而不要求现有的移动通信网络协议做任何改动,因而可以广泛地应用于 GSM、CDMA、TDMA、3G 等多种网络。

USSD 技术:非结构化补充数据业务(Unstructured Supplementary Service Data,USSD)是一种基于全球移动通信系统 GSM(Global System for Mobile Communications)网络的、实时在线的新型交互会话数据业务。它基于用户识别模块(Subscriber Identity Module,SIM)卡,利用 GSM 网络的信令通道传送数据,是在 GSM 的短消息系统技术基础上推出的新业务,在业务开拓方面的能力远远强于 SMS 系统。

无论使用哪种技术,其主要业务流程如图 2.6 所示。

① 客户使用移动终端访问商户网站,客户通过选购商品、数量等信息形成订单;
② 商户网站将订单发给支付服务方的支付服务系统;
③ 客户在支付服务方输入账号、密码等支付信息,并完成付款;
④ 支付服务方将支付的结果通知反馈给客户和商户;
⑤ 商户收到支付结果通知后为客户提供商品或服务。

图 2.6 移动电话支付远程交易模式

2. 近场支付

近场支付是指移动终端上内嵌的智能卡通过非接触方式和支付受理终端进行通信，实现货币支付与资金转移的行为。近场支付技术主要包括如下五种：

红外：红外通信技术利用红外线来传递数据，是无线通信技术的一种。红外通信技术不需要实体连线，简单易用且实现成本较低，因而广泛应用于小型移动设备互换数据和电器设备的控制，例如笔记本电脑、PDA、移动电话之间或与计算机之间进行数据交换，电视机、空调器的遥控等。红外通信技术多数情况下传输距离短，传输速率不高。

蓝牙：蓝牙是一种支持设备短距离通信（一般 10 米内）的无线电技术。蓝牙能在包括移动电话、PDA、无线耳机、笔记本电脑、相关外设等众多设备之间进行无线信息交换。利用蓝牙技术，能够有效地简化移动通信终端设备之间的通信，也能够成功地简化设备与Internet 之间的通信，从而使得数据传输变得更加迅速高效，为无线通信拓宽道路。蓝牙采用分散式网络结构以及快跳频和短包技术，支持点对点及点对多点通信，工作在全球通用的 2.4GHz ISM（即工业、科学、医学）频段。其数据速率为 1 Mbit/s，采用时分双工传输方案实现全双工传输。

RFID：射频识别（Radio Frequency Identification，RFID）技术又称电子标签、无线射频识别，是一种通信技术，可通过无线电信号识别特定目标并读写相关数据，而无须识别系统与特定目标之间建立机械或光学接触。RFID 射频识别是一种非接触式的自动识别技术，它通过射频信号自动识别目标对象并获取相关数据，识别工作无须人工干预，可工作于各种恶劣环境。目前国际上广泛采用的频率分布在 4 种波段，低频（125 kHz）、高频（13.56 MHz）、超高频（850～910 MHz）和微波（2.45 GHz）。每一种频率都有它的特点，被用在不同的领域。

NFC：近场通信（Near Field Communication，NFC）又称近距离无线通信，是一种短距离的高频无线通信技术，允许电子设备之间进行非接触式点对点数据传输（在 10 厘米内）交换数据。这个技术由免接触式射频识别（RFID）演变而来，并向下兼容 RFID，最早由 Philips、Nokia 和 Sony 主推，主要用于手机等手持设备中。NFC 将非接触读卡器、非接触卡和点对点（Peer-to-Peer）功能整合进一块单芯片，为消费者的生活方式开创了不计其数的全新机遇。这是一个开放接口平台，可以对无线网络进行快速、主动设置，也是虚拟连接器，服务于现有蜂窝状网络、蓝牙和无线 802.11 设备。其工作频段为 13.56MHz。

FeliCa：FeliCa 是 SONY 公司为了非接触式 IC 卡而开发出来的通信技术，与 NFC 技术本质上没有区别，只是在应用上加了一定的安全控制。

近场移动支付客户在商户处进行消费，使用内嵌智能卡的移动终端通过非接触方式和支付受理终端进行通信，实现货币支付与资金转移的支付交易流程，如图 2.7 所示。

① 客户在商户处消费；
② 商户处采用非接触方式的支付受理机具，生成订单，并发送给支付服务方；
③ 客户使用内嵌有智能卡的移动终端通过非接触方式和支付受理终端进行通信，输入密码，完成付款；
④ 支付服务方将成功通知反馈客户和商户；
⑤ 商户收到通知后打印支付凭证，付款成功。

图 2.7 移动电话支付近场交易模式

3. 移动电话支付系统业务的特点

移动电话支付的远程支付系统是移动终端(通常指手机)以短信、WAP、客户端软件以及客户端软件加智能卡等方式,通过无线通信网络(包括移动通信网络或者移动互联网)完成支付,系统具有如下特点:

- 支付实现的方式多样化;
- 手机替代 PC 成为支付终端,安全性要求更高;
- 移动互联网具有同样的开放性和外部威胁;
- 支付过程相对复杂;
- 用户的交互环节相对较多。

移动电话支付的近场支付系统以移动终端(通常是指手机)上内嵌的智能卡通过非接触方式和支付受理终端进行通信完成支付,系统具有如下特点:

- 应用场景集中在线下购物环节,以现场交易为主;
- 交易终端依赖于手机智能卡;
- 手机和智能卡的身份认证是近场支付的身份鉴别手段;
- 支付过程相对简单;
- 用户的交互环节相对较少。

4. 移动电话支付系统个性问题

移动电话支付系统产品和实现方式较多,这类系统的个性问题也各有不同。

目前远程支付的问题主要有:

- 部分功能不完善,如提示信息不够准确;
- 支付系统在风险管控策略上的实现不足,如对消费次数和金额的限制等;
- 商户平台管理存在漏洞,如正常退出后,访问 URL 仍可登录操作,口令长度和复杂度缺乏要求等,未使用数字证书;
- 应用系统缺少相应的认证机制,如缺少第三方认证机制,缺少公钥和证书机制。

近场支付的问题主要有:

- 部分功能不完善,如提示信息不够准确,不提供个人信息下载等;

- 支付系统在风险管控策略上不足,如对卡片冻结、解冻等状态的控制不够,对消费次数和金额的限制等;
- 支付业务系统风险控制措施不足,如缺乏报警的查询统计分析、支付终端设备的改装情况巡查不足;
- 应用系统的安全配置不足,如对电子签名技术使用不到位,不能对单用户的多重并发进行限制,支付系统口令没有有效期等问题。

五、数字电视支付业务系统

中国人民银行对数字电视支付业务尚无专项的政策要求,从事数字电视支付的机构遵循对非金融机构支付服务的统一要求即可。

数字电视支付客户通过数字电视终端等方式订购商户提供的商品或服务,并通过数字电视终端在支付服务方确认付款,支付交易业务模式如图2.8所示。

① 客户使用数字电视终端等方式访问商户系统,客户通过选购商品或服务,输入相关信息后形成订单;
② 商户系统将订单或账单发给支付服务方的支付服务系统;
③ 客户通过数字电视终端在支付服务方输入账号、密码等支付验证信息,并完成付款;
④ 支付服务方将支付的结果通知反馈给客户和商户;
⑤ 商户收到支付结果通知后为客户提供商品或服务。

图2.8 数字电视支付业务模式

数字电话支付系统以有线电视网络为基础,以数字机顶盒为终端,以遥控器为交互。数字电话支付系统主要应用于电视购物,有如下特点:
- 有线电视网尚未全国贯通,各省数字机顶盒终端功能和应用差异大;
- 数字电视系统相对封闭;
- 数字电视支付过程相对简单;
- 用户的交互环节相对较少,操作简单。

目前,从事数字电视支付的厂商较少,主要问题表现在:
- 部分功能不完善,如登录密码和支付密码无错误次数限制,客户审核中只有审核通过功能而无拒绝功能等;

- 支付系统在风险管控策略上不足,如交易事件报警功能不完善,缺乏实时交易监控界面等;
- 应用系统安全控制补足,如未对单一用户非法登录次数进行限制,未对单个用户的多重并发会话进行限制等。

六、银行卡收单业务系统

2012年6月27日至7月27日,中国人民银行向社会公开发布《银行卡收单业务管理办法(征求意见稿)》征求意见。其中,对银行卡收单业务的具体业务类型给予了明确规定,包括:

- 普通消费支付业务;
- 自助消费支付业务;
- 订购业务;
- 代收业务;
- 其他收单业务。

其中对不同业务类型的收单机具布放、各类机具的功能、物理安全、连接方式、数据安全、银行卡信息记录和保存、业务连续性和应急响应等风险控制措施进行了系统的规定。

银行卡收单业务是通过销售点(POS)终端等为银行卡特约商户代收货币资金的行为。银行卡收单业务主要由6种业务类型组成,分别是收单交易处理、商户发展与培训、软件开发与维护、系统集成、机具安装与维护、机具销售与租赁。其中,前两项是收单的核心业务,收单交易处理是基于收单机构的IT系统平台,为发卡机构与商户提供授权、交易获取、清算、退单、交易信息管理等服务。从功能角度来看,终端POS系统主要包括余额查询、消费、消费撤销、退货、预授权、预授权撤销、预授权完成、预授权完成撤销等功能。银行卡收单支付业务模式如图2.9所示。

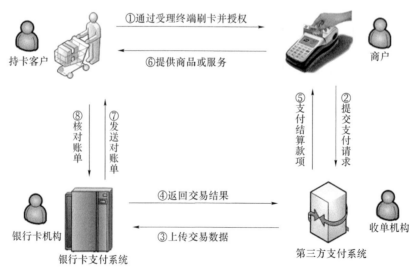

图2.9 银行卡收单支付业务模式

以直联 POS 模式为例,银行卡收单业务分为以下几个部分:
- 消费者在商户购买商品刷卡消费,通过 POS 机将交易数据传送到收单银行;
- 收单银行接收数据后,上传至银联组织进行清算;
- 银联将交易信息发送至发卡行;
- 发卡行核对信息、处理交易,并将处理结果反馈给银联,银联将处理结果发送到 POS;
- 发卡行将对账单寄送给消费者进行核对,核对无误后将资金划转至商户账户中。

按照接入和交易数据传输模式的不同,银行卡收单业务分为直联和间联两种模式。

直联 POS 模式是指统一委托银行卡收单机构发展商户,即 POS 终端直接与银联连接,数据直接由当地银联分公司接入银联总中心进行转接,经跨行清算后再返回商业银行,机具由各发卡行投放。交易信息先传送到当地银联主机系统,然后送至银联区域中心主机系统,区域中心再将相关信息送到发卡银行,然后信息流沿原路返回。

间联 POS 模式即 POS 终端先与签约的银行连接,将数据首先传输到各发卡行总部,再由发卡行总部接入银联总中心,经清算后返回商业银行,机具由收单机构投放。POS 终端连接收单银行主机系统。本行卡交易时,交易信息不经过银联,直接传送到收单银行主机;跨行交易时,交易信息先传送到收单银行主机系统,判断为跨行信息后送至银联区域中心主机系统,区域中心再将相关信息送到发卡银行,然后信息流沿原路返回。

银行卡收单系统作为国内产生和发展较早的支付方式,具有如下特点:
- POS 终端后台连接通路多样,既有移动通信线路,也有专线,还有固定电话线路;
- 收单终端形式多样,和应用场景紧密关联;
- POS 终端的物理安全管理要求多;
- 用户端交互环节相对较少,操作简单;
- POS 机专用,外部应用级风险相对较小。

银行卡收单系统的问题主要表现在功能和应用安全方面。
- 功能实现上存在缺失,例如,商户添加异常、缺少商户黑名单管理功能、无消费撤销、无退货、无单笔退款、无运行管理类报表;
- 商户管理系统存在外部威胁,例如,商户管理系统存在跨站攻击、SQL 注入、网站钓鱼等;
- 对个人敏感信息的保护存在不周全的地方,例如,签单未屏蔽部分卡号,收单系统中存储磁道信息、有效期、加密后的 PIN 等敏感信息;
- 支付系统在风险管控策略上的实现不足,如不能对规定的风险交易进行阻断或者采取相关的风控措施、风险报表功能不足等;
- 商户平台管理存在漏洞,如正常退出后访问 URL 仍可登录操作,口令长度和复杂度缺乏要求等。

七、预付卡发行与受理业务系统

1. 业务模式

2011 年 5 月,国务院办公厅印发了《国务院办公厅转发人民银行监察部等部门关于规范商业预付卡管理意见的通知》(国办发[2011]25号),就规范商业预付卡做出统筹安排和全面部署。首次明确了商业预付卡的地位、作用和分类,明确了分类监管的思路。即多用途卡由中国人民银行进行监管,单用途卡由商务部进行监管;明确了发卡和购买、发票和财务管理、资金管理与业务管理等制度框架。2011年10月,中国人民银行对外发布《支付机构预付卡业务管理办法(征求意见稿)》,2012年9月28日,中国人民银行对外发布的《支付机构预付卡业务管理办法》对支付机构的预付卡业务提出了具体管理办法。

预付卡主要分封闭式预付卡和开放式预付卡。封闭式预付卡是指仅能在单个商户或者通过特定网络连接的多个商户内使用的预付卡,是一种行业储值卡。开放式预付卡则是指能在银行卡组织的受理网络上使用的预付卡。由于现行法律规定,银行和非银行金融机构均不允许发行预付卡,且只有银行或银行卡组织会员机构发行的卡产品才可以在银行卡组织的受理网络上使用,因而,开放式预付卡在国内几乎没有发行。仅作为特殊个案,中国银行为方便奥运期间来华旅游的外籍人士,在2008年发行了长城人民币预付卡。因此,在目前国内市场上,封闭式预付卡占据着绝对的主导地位。

现有的封闭式预付卡业务,虽然具体运作方式各异,但基本模式基本相似。一般是由消费者从商户(或商户预付卡代销渠道)购买特定金额的预付卡,然后持卡在特定商户及其合作单位消费。如果是一次性卡片,卡内金额消费完后需要重新购卡,如果是可循环使用的卡片,则可自行充值后继续消费。其整个运作过程显示,封闭式预付卡由发卡商户自行运作,整个流程都在发卡商户或其合作商户圈内完成。预付卡的发行及使用流程如图2.10所示。

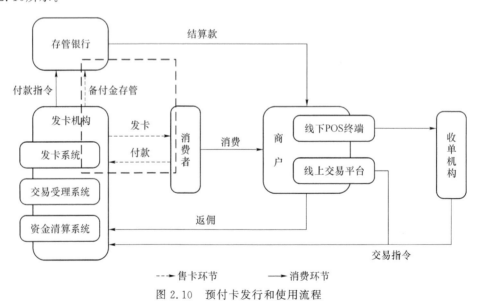

图 2.10 预付卡发行和使用流程

在预付卡的发行与使用流程中,第三方发卡机构需要解决以下几个问题。

(1) 清算系统:巨额的资金往来对于清算系统的效率和安全性的要求是非常严格的,清算系统也是整个资金循环过程中最核心的部分,如果存在风险漏洞,无论对发卡企业还是商户,所面临的损失都是无法估计的。

(2) 商户拓展:商户的返佣是发卡机构收入的重要组成部分,因此签约商户量在一定程度上决定了发卡企业的盈利规模。

(3) 卡片销售:预付卡的销售需要发卡企业与商家以及第三方销售代理商共同解决。

目前,从预付卡的发行与受理业务上有进一步细分,出现预付卡发行公司和预付卡受理公司两种类型。根据相关规定,社保卡、单一用途的公交卡、电话卡和发行机构与特约商户为同一法人的预付卡不在中国人民银行的监管范围内。

2. 技术运用

根据预付卡卡片技术的不同,终端设施要求不尽相同,发行设备和受理终端都取决于卡片的类型。根据发行卡片技术类型的不同,可分为如下4类。

磁条卡:磁条卡是成熟的标准化的技术。磁条卡大量应用于礼品卡、福利卡、行业卡、大规模会员卡、积分卡业务。优点:成本低;缺点:功能单一,容量小,容易伪造、损坏,安全性差,不能脱机交易。

ID卡(身份识别卡):ID卡是一种不可写入的感应卡,含固定的编号,主要有中国台湾SYRIS的EM格式、美国HIDMOTOROLA等各类ID卡。ID卡与磁卡一样,都仅仅使用了"卡的号码"而已,卡内除了卡号外,无任何保密功能,其"卡号"是公开、裸露的。ID卡主要用于门禁、安防、车辆出入等行业。优点:灵敏度高,耐用;缺点:功能单一,安全性差,不适合用于资金交易。

逻辑加密卡:逻辑加密卡分为接触式逻辑加密卡和非接触式逻辑加密卡两种,非接触式逻辑加密卡主要为M1卡,以前主要用于公交系统,由于安全性原因,目前正在逐步替换中。

CPU卡:包括接触式CPU卡、双界面CPU卡、非接触式CPU卡。在城市一卡通中大规模采用,替换逻辑加密卡。优点:多账户管理,安全、耐用,脱机联机均可;缺点:成本高。

目前,磁条卡、CPU卡是预付卡发行与受理的主流。

从后台预付卡POS的连接方式区分,有与银联商务合作和自建渠道两种模式。和银联商务合作无须建立自己的机房,只需要和银联商务签署协议,与银联约定卡片序列号规则,把卡系统服务器放入银联机房。然后在技术上前端POS程序略作升级,后台网控做个判断转发即可。在此不多描述。

自建渠道根据连接POS的通信网络不同,可分为无线POS、拨号POS和E-POS三类,在实际支付机构中常常三种模式并存。支付机构的后台系统到电信运营商通信机房通常采用宽带连接,目前电信数据传输链路主要是2M-SDH或者SDH以太网两种线路。宽带部分,如果采用专线则费用太高,采用在互联网通道上建立VPN通道方式最佳。

无线POS:采用电信运营商的通信卡拨入专用网络,将加密数据通过电信运营商专业网络的指定转发,通过电信运营商到卡运营商的专线,和卡运营商后台实时建立安全、及时、准确的信息交互。

拨号POS:采用电话线通过PSTN公共网络拨入后端服务器,和卡运营商的后台建立信息交互,实现支付。

E-POS：采用 E-POS 通过固定电话拨号进入 PSTN 网络，再经由多媒体语音网关连接后台的卡运营商服务器，实现支付，如图 2.11 所示。

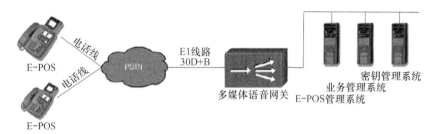

图 2.11　预付卡 E-POS 部署连接方式

预付卡发行与受理业务系统作为国内成熟较早的支付方式，具有如下特点：
- 支付业务系统终端形式多样，后端线路连接形式丰富；
- 支付业务系统相对封闭；
- 用户数量有限；
- 预付卡技术良莠不齐，部分卡种盗刷风险较高。

预付卡发行与受理系统的问题主要表现在功能和应用安全方面。
- 功能实现上存在缺失，例如，商户添加异常、缺少商户黑名单管理功能、无消费撤销、无退货、无单笔退款、无运行管理类报表；
- 商户管理系统存在外部威胁，例如，跨站攻击、SQL 注入、网站钓鱼，正常退出后，访问 URL 仍可登录操作，口令长度和复杂度缺乏要求等；
- 对个人敏感信息的保护存在不周全的地方，例如，签单未屏蔽部分卡号，收单系统中存储量磁道信息、有效期、加密后的 PIN 等敏感信息；
- 支付系统在风险管控策略上的实现不足，如不能对规定的风险交易进行阻断或者采取相关的风控措施，风险报表功能不足等；

本章小结

本章主要介绍了第三方支付平台的基本概念、业务流程，以及主要的支付平台，分析了目前多种支付平台的业务模式和技术现状。第三方支付平台通过互联网、电信网络、移动通信网络、数字电视网络和多种终端形式，衍生出一系列新的支付服务，以满足各方客户网络更多的需求。在此意义上，第三方支付平台已经成为满足综合服务需求的支付服务集成商。

第三章 第三方支付平台关键技术

第一节 第三方支付平台技术架构

一、消息总线架构

1. 消息总线

近年来,我国第三方网上支付发展迅速,对社会经济和金融发展的影响已不容忽视,由于其业务的不断发展,支付系统用户数不断增加,子系统也越来越多,对支付系统的主要需求体现在以下两个方面。

(1) 系统可用性高,能够支持大并发量的用户交易

对于传统的采用同步接口的系统来说,一个交易事务的开始必须依赖于前一交易事务的结束,无法支持大并发量的交易,用户很容易感觉到不流畅,特别是在商户的促销高峰,推出一些特价、团购、秒杀等促销活动时,用户经常掉线或打不开网站,用户体验非常不好,导致了用户的流失。

(2) 能够共享异构系统的数据,易于系统维护

随着业务的演进,应用系统必然产生持续改进的维护性需求。如果各个应用系统之间相互独立,没有根据完整的业务流程有机串接起来,则在增加或改进业务功能时,可能需要对关联的多个应用系统都做出调整。例如,在用户支付过程中,成功支付后,系统发送给用户一条支付成功的短信,并且通知账务系统进行记账处理。在参与协作的各个应用系统的开发商不同、技术路线不统一的情况下,业务改进困难重重。同时,相互协作的应用系统之间还存在兼容性问题。某个应用系统的调用接口调整后,可能导致与其他应用系统之间的交互产生问题,这些问题往往在部署运行后才被发现,对业务流程可能产生严重影响,甚至导致业务中断。

消息中间件可以有效地解决上述两个问题。基于消息中间件的异步消息传递的主要优势有:通过增加系统吞吐量和减少系统响应时间,解决系统瓶颈,通过解耦提高系统的可伸缩性,采用发送后无须等待回应的方式,使业务人员立即开始后续工作,从而提高其生产率。在异构的平台之间实现通信和集成,总之,作为企业级应用架构,基于消息中间件的异步消息传递技术具有体系结构上的灵活性和敏捷性。

目前,基于消息总线实现主要分为两种:一种是自主研发类,另一种是采用消息中间件类。自主研发类可控性强,但开发周期较长。消息中间件有商用和开源两大类。随着Java的发展,JMS已经成为实际上的消息中间件标准,基于JMS的消息中间件更具备广泛的适用性。目前,比较流行和成熟的商业消息中间件有IBM的MQSeries、BEA的Weblogic JMS Service、Progress的SonicMQ及微软的MSMQ。开源中间件中基于JMS的有ActiveMQ和OpenJMS、jBossMQ等,开源中间件相对于商用的更加可控,并且成本更低。

2. ActiveMQ 消息中间件

ActiveMQ由Apache组织开发的开源的企业级消息中间件(MOM),完整实现了JMS服务,同时具备了高性能、高可用和高扩展的企业特性,是当前最流行的企业级消息中间件。下面主要介绍消息中间件(MOM)、JMS规范及ActiveMQ消息模式。

(1) 消息中间件(MOM)

消息中间件(MOM)是一种中间件软件,它具备高效可靠的消息传递机制。它不仅能够通过异步传递消息机制,大大增加系统吞吐量和减少系统响应时间,减轻系统瓶颈,而且还可以有效屏蔽异构系统的细节,组成松耦合的系统,提高可维护性,为异构系统基本消息的交互提供有效的手段。

MOM在企业中的应用已经十分广泛,各家厂商都推出自己的MOM产品。但是每家都使用自己的规范,在后期使用时,反而给系统带来很大的困难,不仅延长系统的部署时间,同时还增加了系统部署的复杂性。2003年JCP(Java标准组织)发布的Java领域的MOM规范,也就是JMS(Java Message Service,Java消息服务),解决了这一问题。随着Java的发展,JMS已经成为实际上的MOM标准。

(2) JMS 规范

JMS使用集中式体系结构。一般而言,每个客户端只会收到消息服务器给自己发送的消息,不能看到消息服务器给其他客户端发送的消息。消息传递系统依赖于一台消息服务器,客户端之间传递的消息都是由消息服务器进行处理。这样任意添加或者删除某一个客户端不影响整个消息传递系统。集中式体系结构使用星形拓扑结构,一台集中式消息服务器连接着所有的客户端,如图3.1所示。

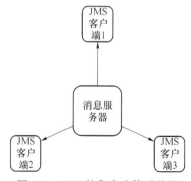

图3.1 JMS的集中式体系结构

(3) ActiveMQ 的消息模式

ActiveMQ 在此过程中的角色是消息代理,发送消息给消息代理的一方称为消息生产者,从消息代理接收消息的一方就称为消息消费者,消息消费者收到消息代理的消息后,如果确定接收,就给消息代理返回确认接收消息。

消息模式分为点对点和发布订阅两种模式:

- 点对点的消息模式

点对点的消息模式是消息生产者把消息放入 ActiveMQ 消息代理创建的队列实现的,队列中的消息只能有一个消息接收者。虽然消息有优先级,但也仅仅限于消息从生产者到达消息代理的时候能够保证优先级别高的先进入消息队列,而进入消息队列后,则是严格按照先进先出的原则把消息发送给消费者。

- 发布订阅模式

发布订阅模式类似于电视广播,是一对多的关系,适用的场景多是生产者少于消费者的情况。当消息生产者把消息送到某一个主题对象中的时候,ActiveMQ 消息代理会以广播的形式发送给所有关注此主题的消费者,如果有新的消费者订阅了此主题,它还可以把以前的消息再次发送给尚未接收过消息的消费者。

3. ActiveMQ 特性

ActiveMQ 的企业级特性包括跨平台、异步、集群、持久化、消息监控等企业特性。

(1) 跨平台:ActiveMQ 支持跨平台特征。由于 ActiveMQ 是由 Java 语言编写的,继承了 Java 的跨平台性,可以在 Linux、Windows、UNIX 等操作系统中运行。

(2) 异步消息:ActiveMQ 提供发送异步消息的功能。通过使用异步功能,可以明显提高系统的性能,加快系统的响应速度。ActiveMQ 在不同的层面提供异步消息的功能,比如消费者层面等。一般而言,针对处理消息时间比较长的消费者使用异步消息,相反,对于消息消费比较快的消费者,一般使用同步消息。

(3) 集群:ActiveMQ 集群主要有两种方式,即均衡模式和主备模式。均衡模式的集群能够实现均衡负载,但是存在单点故障,在某个节点出故障时,可能导致数据丢失;主从模式集群能够解决数据不丢失的问题,如果主机宕机,则备机自动升级成主机继续工作,如果及时重新启动主机,则原来升级而来的主机就恢复成备机运行,但是这种集群模式在访问量很大的情况下不能进行负载均衡,效率较低。

(4) 消息持久性:ActiveMQ 提供消息的持久化的能力,保证数据不丢失。当消息的接收者不在活动状态,或者是网络原因,或者是系统在处理完一部分消息之后,系统宕机了,最常见的是对消息接收者进行日常维护升级,需要重启服务,这时候 ActiveMQ 持久化的特性就显得尤为重要了,在消息接收者重新注册后,积压在队列中的消息就发送到消息接收者那里了。消息持久化还有一个好处,就是在 ActiveMQ 服务器因某种原因宕机,新的消息不能到达消息中心是不可避免的问题,但是已经在消息中心的消息则不会因为 ActiveMQ 的宕机而丢失,当 ActiveMQ 重新启动后,持久化的消息会被重新读取到队列中,继续原有的流程,这一点很重要。ActiveMQ 的持久化采用的方式是消息保存到本地文件或者数据库中,本地文件持久化是其默认的持久化方式,包括本地文件和本地文件数据库两种形式,单机使用时效率较高。当使用集群的时候,本地文件就需要共享,以达到消息共享的目的,这个时候使用通用数据库的持久化方式就灵活很多了,而且可以通过数据库的集群达到更加安全的效果。

(5) SSL 的完美支持:系统要处理敏感的用户数据,数据通信的安全性就显得尤为必要。数据加密在所难免,这无形中增加了开发的工作量,而 ActiveMQ 提供了基于证书的 SSL 数据通信,使得使用证书更加方便。

(6) 消息的优先级:在消息发送时,可按消息的优先级发送。一共分为 0～9 个级别,0～4 级为普通消息,5～9 级为加急消息。系统确保加急的消息先于普通的消息到达,但是一旦进入队列的消息,则严格按照先进先出顺序执行分发。

(7) 可以方便地监控和管理 ActiveMQ 的运行:对 ActiveMQ 的监控能够让我们清楚地知道代理、队列、主题、消费者和生产者等组件的运行状态,并可以对它们进行操作。能够根据其对组件的统计,分析系统的性能,找到 ActiveMQ 在应用中的瓶颈,对其进行优化。通常有 JMX API 的监控方式和 JMX 监控工具两种监控与管理 ActiveMQ 的方式。

4. 基于 MDP 的消息传递

Spring 是针对 Java EE 框架较为臃肿、低效等现实问题,而提出的简化企业级应用的轻量级开源框架,Spring 框架有两个显著的特点:第一个是控制反转(Inversion of Control,IoC),在 IoC 中程序代码不负责对象的调用权和操控,而是通过容器来实现对象组件的组装和管理。第二个是面向切面的编程(Aspect Oriented Programming,AOP),在 AOP 中把这些重复性的功能模块,比如日志,提取出来做成一个切面(Aspect),这样就使业务逻辑的处理更纯粹干净。

在 Spring 框架中有两种 JMS 消息传递方式:JMS template 和 message listener container,前者用于产生消息和同步消息接收,后者用于异步收发消息。

- 基于同步消息的接收

JmSTemplate 可以同步发送接收消息,但是这样需要在接收消息的模块进行控制消息的处理流程,不能使开发人员将精力投入到业务处理。

- 基于 MDP 异步消息的接收

ActiveMQ 通过与 Spring 的整合可以实现基于消息驱动 Bean(MDP)的轻量级的消息传递。使消息传递系统更加高内聚、低耦合。一般由消息监听容器的一个子类从 JMS 消息队列接收消息并被注入 MDP。消息监听容器负责消息接收的多线程处理并将消息分发到各 MDP 中。消息监听容器是 MDP 和消息提供者之间的媒介,用来处理消息事务管理、资源获取和释放,以及异常转换等。这使得应用开发人员可以专注于消息业务逻辑,把和 JMS 基础框架有关的重复性的工作交由 Spring 框架处理。

5. 基于消息总线的支付系统架构

采用基于消息总线的架构技术建立支付系统,提供系统服务最大的灵活性,解决异构系统的数据共享的问题。同时,通过强大的 SSL 安全通道确保数据的安全性。为了保证系统能够承载大量业务,架设 ActiveMQ 集群,通过其负载均衡、协同处理和互为备份的能力,来提升系统的高并行、高可靠及安全的处理能力,提高系统资源利用率和系统可靠性。典型的基于消息总线的支付系统软件架构如图3.2所示。

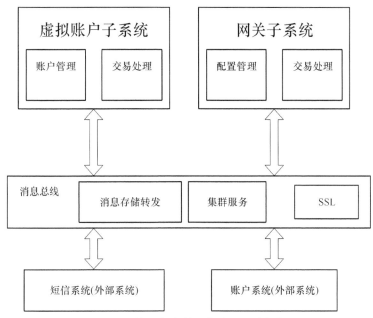

图 3.2　第三方支付系统消息总线架构

支付系统的各个子系统,如电子钱包子系统、支付网关子系统、短信系统、账户系统等的集成是关键,该架构充分体现了 ActiveMQ 跨平台、跨语言及异构环境下的优势,系统之间的交互采用消息驱动的形式,在采用消息总线架构的同时,还采用 J2EE 轻量级架构的分层设计和实现方式,在技术结构上分为业务接入层、业务表示层和业务处理层及数据库层,使系统的功能扩展性得到保障。支付系统分层架构如图3.3所示。

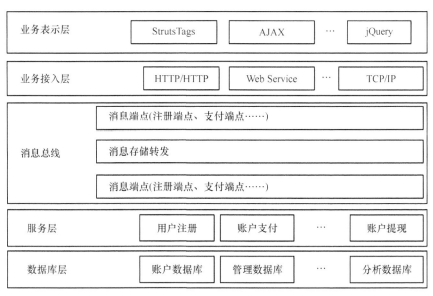

图 3.3　第三方支付系统分层架构

业务表示层包括普通用户的访问界面、业务人员的管理界面、系统配置界面、交易监控界面、差错处理界面等,使用JSP+Struts Form Bean+标签库的技术方案;对交互性要求高的,如账户查询、交易监控,页面整合AJAX技术,提供浏览器与服务器端的快速交互,业务处理层基于Spring提供应用服务逻辑处理。

业务接入层可以使用HTTP协议与网上交易系统、支付接入系统通信,使用TCP/IP协议与银行/银联相关系统通信,还包括使用WebService与其他商业系统的通信,同时,根据不同的交易类别分发到不同业务处理层处理。交易类别是指事先约定的,如账户注册、注销等,不同交易类别的消息分发到消息服务器的不同队列中,再分发到不同的业务接入层,例如,用户注册交易分发到账户注册服务上,而用户销户的交易分发到账户销户服务上。

在消息总线层,使用了ActiveMQ消息中间件,提供高可用、高性能、高扩展的服务能力。消息服务器采用集群部署,提高并发能力及消息持久化的保障,客户端证书认证提高了消息的安全性。消息总线客户端采用了ActiveMQ与Spring相结合的方式,利用Spring内置的JmsTemplate方法,及基于MDP的消息处理方式,将开发人员精力集中在业务处理上,减少了底层JMS的处理。消息端点的主要任务是在业务接入之后将数据转换成消息的格式,以便将消息送到对应的消息监听系统。

服务层是针对系统的各种业务进行的,使用Spring Service和POJO进行各项业务功能的封装,用Spring的配置文件进行各个业务功能流转的配置,提供服务,如账户开户、账户消费、账户支付等。

数据库服务提供逻辑数据库概念,提供逻辑数据库划分,达到数据分类分库的效果,提升数据库整体运行性能。将数据库划分为核心交易数据库、历史交易数据库、账务及清/结算数据库、业务管理配置数据库、查询统计数据库等。后期可以根据具体业务数据量进行水平切库划分,把数据库访问量分散到不同的数据库上,提高反应速度。同时采用数据库集群部署,保障数据库的数据完整和安全。

二、SOA点对点架构

面向服务架构,即SOA,它的基本思想是以服务为核心,将服务之间定义标准化接口和协议联系起来。其中,服务是指应用程序实现不同功能的一个模块,接口是不依赖于实现服务的硬件平台、操作系统和编程环境的。

SOA将业务需求与解决方案分离开来,将各种不同架构中的服务以通用的方式进行交互,从而解决了很多传统企业架构的难题。SOA的三大特性分别是:松耦合性、位置透明性和协议无关性。在企业架构建设中,SOA对服务的重用率非常有效,并大大提高了业务流程的便捷性,稳固了企业的基础技术架构。

SOA采用统一标准化协议的Web服务,可以保持与技术的无关性,这种组件化设计让SOA拥有了松耦合的特性。

SOAP是SOA架构的标准传输协议,是架构中服务之间进行信息传递必须遵循的协议,也就是说,在SOA中交互的服务都需要转化为符合SOAP协议的服务,由此,SOA与服务本身采用的协议没有任何关系,从而做到了协议无关性。

在 SOA 中,以 Web 服务为核心定义了三个角色,分别是服务提供者(Service Provider)、服务请求者(Service-Consumer)和服务代理(Service-Broker)。Service Provider 向 Service Broker 发布了自己的 Web 服务后,Service Consumer 向 Service-Broker 查找是否有它请求的服务。如果有,则绑定这些服务。Web 服务通过发布(Publish)、查找(Find)、绑定(Bind)来完成它们之间的交互。SOA 的体系结构如图 3.4 所示。

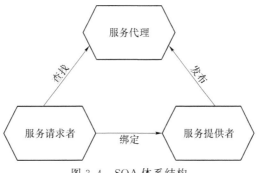

图 3.4　SOA 体系结构

在 SOA 点对点模式中,服务提供者将所有的服务接口注册到服务注册中心,服务注册中心一般为一个分布式集群。其中,点对点模式的请求过程为:服务请求者向服务注册中心查询自己所需服务的地址列表、访问策略等信息,然后请求者直接以点对点的方式向服务提供者进行请求,最后服务提供者将响应结果返回给服务请求者,如图 3.5 所示。

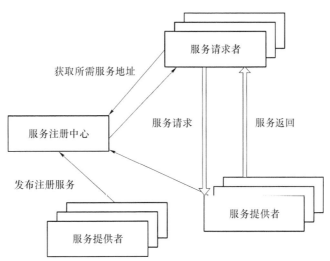

图 3.5　点对点模式的请求过程

点对点模式适用于交易频段集中、交易并发量大的独立第三方支付系统,这类系统的特点是对并发量的要求甚高,且不需要对大量异构系统进行集成。

系统按照 SOA 点对点模式的服务理念,将系统按照不同的服务拆分成单独的子系统,每个子系统提供完整的一套服务。将系统按照不同的服务,划分为会员服务子系统、商户门户子系统、收银台子系统、账务子系统、收单子系统、银行接入网关子系统以及支撑平台子系统。每个子系统相互独立,独自提供其自身的服务,图3.6为点对点模式的子系统划分。

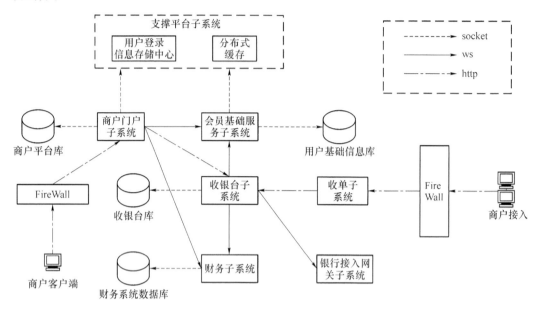

图 3.6 子系统划分

三、ESB架构

ESB是支持SOA,通过中间件技术实现的基础架构,实现异构平台中的服务间的通信和交互。它支持相互独立的异构平台中消息、服务之间的交互,作为标准的接口或适配器,提供各服务组件和程序之间的交互。ESB是基于标准的开放性的消息总线,具有一定的可管理性和服务优先处理性。可以说,ESB是SOA应运而生的中间件技术。

在SOA的ESB架构中,可以将服务发布到任何一台服务器上的任何路径下,服务请求者不需要知道服务提供者的位置,因为ESB能够进行动态路由选择,从而实现位置透明。图3.7显示了SOA是如何做到位置透明的。

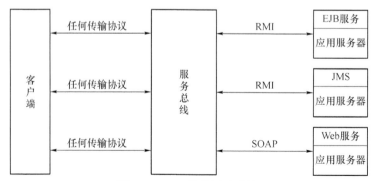

图 3.7 SOA的位置透明性

在 ESB 模式中,ESB 既是服务的注册中心,也是服务中介,其核心功能为兼容各种协议的接口,将数据在各种协议之间进行编排转换。ESB 模式的请求过程为:服务请求者向 ESB 发起请求,ESB 查找出该服务对应提供者的地址、访问策略等信息,由 ESB 将请求发往服务提供者,然后服务提供者将请求结果返回至 ESB,最后 ESB 将结果返回给请求者。ESB 模式的请求过程如图 3.8 所示。

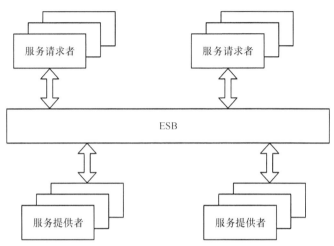

图 3.8　ESB 模式的请求过程

第三方支付业务大体可以分为注册签约类、支付交易类和查询类三类业务,涉及的角色众多。注册签约类业务由用户从银行发起,注册签约成为第三方支付用户或申请撤销支付资格;支付交易类业务由用户从终端设备发起,经过电信运营商网关进入到支付平台,然后进行消费和支付交易等;查询类业务一般是由用户或商户发起的,用来查询用户的签约状态、余额、消费情况,以及商户查询收入等。可以看出,在这三类服务中,各个系统间需要相互调用:银行系统属于是已经开发成熟的系统;电信运营商系统通常也有自己的规范和模型;商户系统部分已经成熟,部分仍在开发中。这就造成了第三方支付平台接口的多样化,而在整个支付过程中,一个交易流程几乎涉及所有的接口平台,如果一个接口平台调用失败,就会导致支付失败。因此,保证各个系统的有效集成,确保每个节点的安全传递,是支付平台的重要任务之一。

在点对点架构下,平台每接入一个系统,就需要为它制定与其他系统之间的接口。每与一个特定的系统的特定业务进行交互,支付平台就需要为其添加一个特定的接口。这种点对点的集成方式虽然简单,但架构复杂混乱。只要一个系统接口的参数个数、名称、顺序等稍微发生变化,都会影响到整个平台流程的顺利进行,耦合度过高。同时,这种集成方式容易导致接口链路重复建设,数据不同步,平台需要不断地修补,增加了平台的维护成本。从而令第三方支付平台的安全性、稳定性无法保证。

相对于点到点架构,ESB 架构的主要优势就在于异构系统的集成,各个子系统通过 ESB 架构进行信息传递时,每个子系统抽象成接入 ESB 的 Web 服务。子系统作为服务节点,接入到 ESB 中。系统间的任意信息都需要经过 ESB 才能进行传递,从而降低系统与系统之间的耦合度,如图 3.9 所示。服务与服务之间不再存有直接的耦合或依赖关系,服务自身的变更不会影响到其他服务的正常运行,从而使第三方支付平台具有更好的动态性和扩展性。

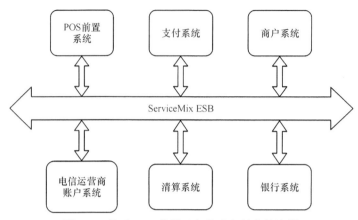

图 3.9　基于 ESB 的第三方移动支付交易流程

ESB 模式下的第三方支付系统总体架构可以分为应用层、集成层、服务组合层、服务层和 EIS 层五层。其中，集成层、服务层属于第三方支付平台的核心模块，服务组合层是支付平台的优化模块，将业务规则进行梳理。系统总体架构如图 3.10 所示。

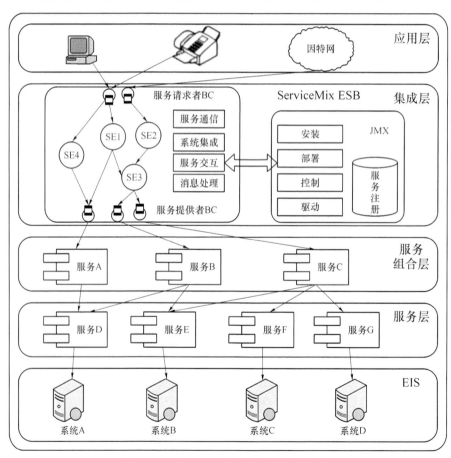

图 3.10　基于 ESB 的企业应用集成架构

EIS 层位于第三方移动支付平台集成架构的底层。这层的组成主要是连接到支付平台的各个系统,如银行系统、商户系统、电信运营商系统等。它们一些是已经成熟、运行稳定的老系统,一些是仍处于建设期的系统。EIS 层的作用是为上层提供系统的服务。

服务层作为 EIS 层的上游、服务组合层的下游。服务层调用和接收 EIS 层各个系统提供的服务,进行相关的处理,转换成统一的格式后,将其提供给服务组合层。服务层是实现 ESB 架构集成的基础。

服务组合层作为服务层的上游、集成层的下游,它接收和调用服务层提供的任何单一服务,然后通过业务规则进行相应的业务组合,提供给集成层。这一层的主要作用是将各个单一的服务按照一定的业务规则流程进行梳理,将固定的业务流程封装成一个大服务供集成层调用,从而将服务业务逻辑与集成层剥离开来,整个架构更加层次分明。

集成层作为服务组合层的上游、应用层的下游,属于整个系统架构的核心层。它承接着作为服务请求者和服务调用者的中介的作用,为服务调用者进行协议转换和消息格式转换成标准的服务格式,然后路由选择到服务提供者。集成层还提供了通信安全、业务逻辑处理和记录日志等功能。集成层作为一个中介,使得服务提供者和服务调用者之间的交互透明化。

应用层即用户访问层,位于集成架构的最上游。应用层作为第三方支付平台的接入点,与用户直接交互,为用户提供友好的界面入口,接收用户的请求,待系统处理完成之后,将结果反馈给用户。

支付交易流程作为第三方支付业务中的主要业务流程之一,下面将以此为例,来描述基于 ESB 的核心架构的工作流程。如图 3.11 所示是基于 ESB 的第三方移动支付交易流程。

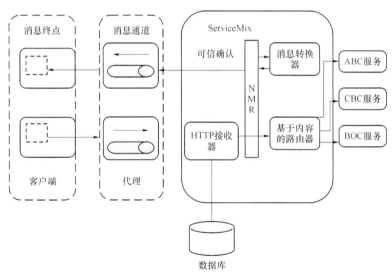

图 3.11 基于 ESB 的交易支付流程

交易流程由用户发起,经过商户系统接口服务,发送服务申请到第三方支付平台,支付平台经协议转换等处理后,发送到银行系统,处理完成后,将结果按原路返回给用户。

商户系统和银行系统既为服务请求者,也为服务提供者,没有主次之分,互为服务器端和客户端。商户系统和银行系统将其服务接口封装成能够接入到第三方支付平台的标准化服务,如采用支持 SOAP 协议的工具进行标准转换。每个消息节点,即服务请求者将服务请求通过消息代理发送到 ESB 总线,ESB 总线接收到服务请求,通过 ActiveMQ

的 XML 配置等进行多个协议之间的转换，HTTP 接收器组件进行 HTTP 协议的转换。Active MQ 支持多线程，并能够避免因接入 ESB 总线的数量过多而造成的运营瓶颈。服务请求者的消息通过 NMR 发送到绑定组件进行消息转换和对消息的解析，例如购物商户号、商品编号、订单号、交易支付人卡号、交易支付人注册手机号、银行卡所属行代码等。消息转换完成后，发送到路由器组件，进行路由选择，可通过内容进行路由选择，也可以通过其他方式进行路由选择，然后将标准化消息发送到相应的银行系统的接口进行处理，同时将短信发送到支付人的注册手机上。

第二节　支付账户管理系统

一、账户管理基本功能

账户是第三方支付系统为用户在系统内部开设的专用账户，用户注册后将在系统上拥有个人专属的支付和交易管理账户，并且系统采用一系列账户安全保证机制来保证账户处理的及时性、准确性和完整性。同时，建立风险控制机制，减少由于账户盗用等风险导致的账户所有者的权益损失。

（1）账户管理

账户管理包括账户开户、账户锁定/解锁、账户密码修改等一系列的工作。

账户开户：用户可以通过多种渠道申请开户，比如网站、自助语音等渠道提出申请，开户需要用户提供完整的个人信息，用户信息被提交到消息服务器，账户系统作为消息接收者从消息服务器接收到开户请求，经合规性检查及通信方式验证后，就可成为账户的拥有者。

账户锁定/解锁：账户锁定的目的主要为了保证用户信息的安全，比如当用户输入账户密码错误次数超限，则账户会被系统自动锁定进入"锁定"状态。账户被锁定后用户不能再对自己的账户进行管理，更不能进行任何交易。用户必须向客服申请解锁，验证相关的身份信息，并备案，通过后客服再向管理员提交用户解锁申请，管理员通过系统控制台对账户进行解锁，并恢复账户相关的交易。

账户密码修改：账户密码有两个，一个是用于管理的密码，另一个是用于交易的密码。修改密码的步骤是一样的，用户首先需要输入原密码进行验证，通过后才能设置新的密码。还有一种情况就是当用户忘记密码时，就需要用户对密码进行重置，密码重置有短信、邮件等多种方式，也可能需要凭身份证到指定营业网点办理并备案。

账户销户：在用户账户余额为零的情况下，用户可以申请销户。对于销户后并重新开户的客户，原账户信息不予保留。

（2）账户充值

当用户用于支付的电子钱包中的金额太少而不能购物的时候，就需要用户对电子钱包进行充值，充值操作是指根据用户申请充值金额，从用户指定的银行账户转到其电子钱包账户中的操作。支付网关就必须具有向电子钱包虚拟账户充值的能力，用户可以通过支付网关子系统为自己的账户进行账户充值。

用户向支付系统的电子钱包虚拟账户进行充值时首先登录系统，通过第三方支付系统申请身份验证，在完成身份确认之后，用户可提交充值申请。随后第三方支付系统会通过支付网关子系统向用户开户银行申请收款，银行在收到该信息之后，会根据第三方支付系统的申请信息进行资金清算,将用户在银行账户中的资金划入支付系统的电子钱包虚拟账户中,最后,第三方支付系统将充值处理结果的信息反馈给用户。

(3) 账户提现

支付网关同时提供电子钱包虚拟账户提现的功能,提现操作其实是充值的反向操作,即通过支付网关把用户申请提现的金额从其电子钱包中转入其指定的银行账户中。

用户取现的流程与充值基本相似:首先登录系统,通过用户名和密码向第三方支付系统申请身份验证,在第三方支付系统完成身份确认之后,用户可提交取现申请,第三方支付系统将该申请处理完毕之后会将取现成功的信息反馈给用户;随后第三方支付系统会向用户开户银行申请付款,银行在收到该信息之后,会根据第三方支付系统的申请信息进行资金清算,将支付账户中的资金(申请金额)划入用户银行账户中,同时通知第三方支付系统付款成功。

二、账户管理相关业务流程

1. 商户注册及开户流程

商户注册可以通过手机注册、邮箱注册等多种方式进行。以邮箱注册为例,商户注册及开户流程如图 3.12 所示。

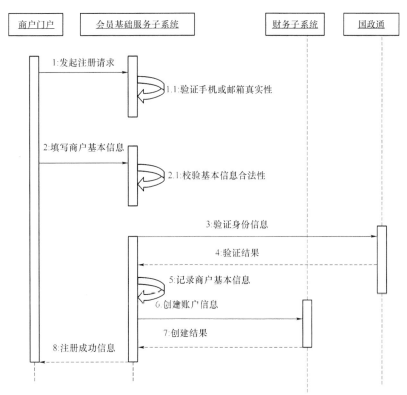

图 3.12 商户注册及开户流程

(1) 商户门户发起注册请求,商户填写邮箱及验证码。
(2) 会员基础服务子系统对商户填写的邮箱、验证码进行数据校验。
(3) 向商户填写的手机号发送验证码。

(4)商户填写手机验证码后,校验手机验证码。
(5)页面跳转到填写基本信息页面。
(6)商户填写基本信息后,会员基础服务子系统校验基本信息合法性。
(7)会员基础服务子系统调用国政通验证用户证件号码。
(8)校验通过后,会员基础服务子系统记录用户登录信息、用户基本信息、操作员信息。
(9)会员基础服务子系统调用账务子系统创建用户基础账户。
(10)如果注册成功则跳转到注册成功页面;如果注册失败则跳转到注册失败页面。

2. 账户转账流程

用户通过支付系统进行转账操作的流程如图 3.13 所示。

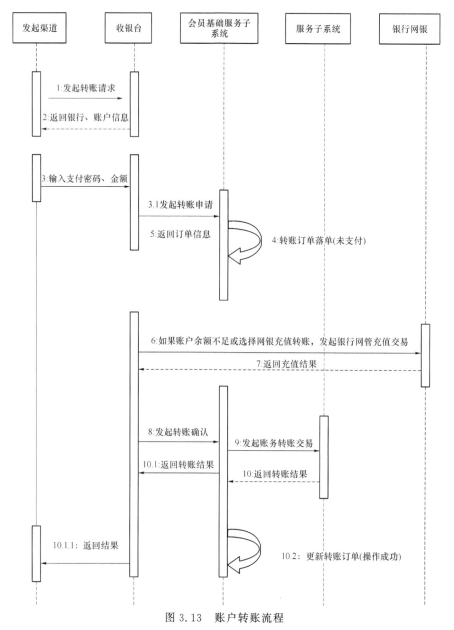

图 3.13 账户转账流程

(1) 发起渠道向收银台发起转账请求。
(2) 收银台返回账户信息,以及可用银行渠道信息。
(3) 用户在收银台输入支付密码、转账金额、转账方式等。
(4) 收银台向会员基础服务子系统发起转账申请。
(5) 会员基础服务子系统进行转账订单落单,将订单信息返回收银台。
(6) 如果用户选择网银充值转账或账户余额不足,则收银台发起银行网关充值交易。
(7) 用户完成充值操作后,银行网关返回充值结果。
(8) 收银台向会员基础服务子系统发起转账确认。
(9) 会员基础服务子系统向账务子系统发起账务转账交易。
(10) 账务子系统完成转账交易后,返回收款人账户信息等转账结果。
(11) 会员基础服务子系统更新转账订单,并向收银台返回转账结果。
(12) 收银台返回结果到发起渠道。

3. 账户余额提现冻结流程

账户余额提现冻结流程如图 3.14 所示。

(1) 发起渠道向会员基础服务子系统发起提现交易申请,会员基础服务子系统进行提现交易落单。
(2) 发起渠道向收银台发起提现申请,收银台通过银行网关获取银行卡列表信息,并返回给发起渠道。
(3) 输入或选择提现银行卡、金额、支付密码等信息后,收银台通过调用会员基础服务子系统,对支付密码进行验证,获取验证结果。
(4) 验证通过后,收银台向会员基础服务子系统发起提现申请。
(5) 会员基础服务子系统计算提现手续费。
(6) 会员基础服务子系统向账务子系统提交账务冻结请求,账务子系统将用户账户的指定金额进行冻结。
(7) 会员基础服务子系统记录提现订单及提现流水,返回到收银台。
(8) 收银台提示发起渠道提现申请完成。
(9) 发起渠道通知会员基础服务子系统,更新提现交易状态。

4. 账户资金解冻并提现成功流程

账户资金解冻并提现成功流程如图 3.15 所示。

(1) 会员基础服务子系统将提现交易发送到银行网关。
(2) 银行网关进行处理后通知会员基础服务子系统处理结果。
(3) 会员基础服务子系统根据银行网关的返回结果更新提现记录信息。
(4) 会员基础服务子系统向账务子系统发送请求,账务子系统将相应已冻结款项扣除。
(5) 会员基础服务子系统通知收银台更新支付凭证状态。
(6) 收银台返回更新状态后,会员基础服务子系统更新交易状态。

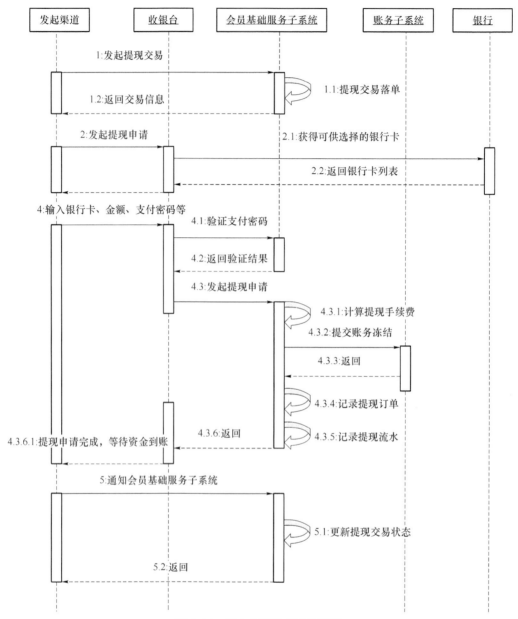

图 3.14 账户余额提现冻结流程

5. 收单业务流程

收单业务流程如下：
（1）个人用户在商户系统中下单，并在付款方式中选择使用支付系统。
（2）商户系统将产生的订单信息推送到支付系统的商户接入子系统。
（3）商户接入子系统根据业务需求将收单业务推送至收单子系统。
（4）收单子系统进行落单，并向会员基础服务子系统发送支付交易请求。

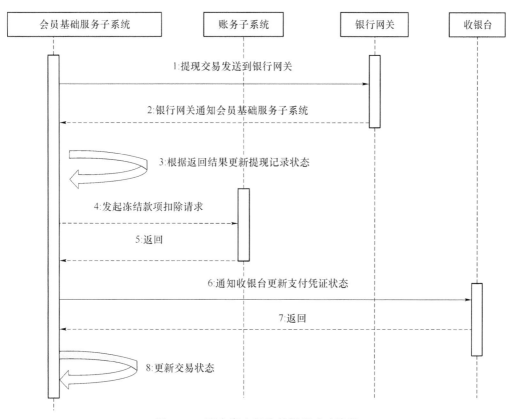

图 3.15　账户资金解冻并提现成功流程

（5）会员基础服务子系统进行支付交易落单，收单子系统跳转至收银台。
（6）收银台列出可供选择的支付方式及网银列表，并向用户展示。
（7）用户在收银台选择支付渠道等进行支付。
（8）收银台进行支付单据落单。
（9）收银台将支付信息推送至银行网关，银行网关子系统进行各支付清算单落地。
（10）银行网关跳转至银行进行支付，银行将支付结果通知银行网关。
（11）银行网关更新清算凭证，并将支付结果通知收银台。
（12）收银台更新支付单据状态，并向账务子系统提交账户充值。
（13）账务子系统将账户锁定并进行充值操作，内部账户添加银行手续费。
（14）账务子系统记录充值账务流水。
（15）收银台通知收单子系统支付成功，返回充值流水。
（16）收单子系统向账务系统提交收单金额、充值流水，发起冻结请求。
（17）账务子系统进行资金冻结，并插入冻结流水记录。
（18）收单子系统进行代收业务处理，计算手续费、利润等。
（19）收单子系统向会员基础服务子系统发起收单交易结算，会员基础服务子系统更新交易手续费、利润信息等。

(20) 会员基础服务子系统调用账务子系统,使转出资金分别入账。

(21) 账务子系统进行资金解冻、插入解冻流水、结算账户锁定更新、记录账务流水等操作。

(22) 收单子系统判断支付交易状态,更新支付交易状态。

(23) 收单子系统通知收银台支付成功,收银台更新支付单据状态。

(24) 收单子系统转至商户接入子系统。

(25) 商户接入子系统通知商户系统支付成功。

三、基于消息总线的支付账户系统设计

支付账户子系统主要由三个部分组成,预处理模块、业务接入模块和业务处理模块。预处理的主要功能是参数作内存化,同时保证在操作人员修改参数时,系统能实时更新内存中参数的信息,提高系统的运行效率。业务接入的主要功能是基于交易类型的路由,通过业务接入调用相应的业务服务组件。一个业务处理由一个服务层的服务提供,业务处理主要有账户管理、账户交易两个子功能。账户管理是基础的工作,包括账户开户、账户锁定/解锁等一系列服务。账户交易是账户服务的核心,包括账户消费、退货、提现等一系列的服务。

账户系统涉及的业务类型较多,不同的业务类型交叉复杂,使用传统架构对设计人员能力经验要求很高,要求详细设计必须事无巨细,尽可能地考虑各种正常情况,还要考虑各种非正常的情况,这降低了项目的可控性,成本、工期、人员及质量都很难保障,在测试、部署及运行维护都有不可预知的困难。基于消息的 MDP 模式,把不同业务进行分流,把高耦合的各个流程解耦,提高各个子流程的独立性,使复杂问题简单化,不但能够满足系统的需要,提高项目可控性,保证系统的维护性、健壮性、部署、测试及运行维护还更加简单高效。

1. 消息发布订阅模式的预处理方式

为了加快系统的响应速度,需把一些常用的参数内存化管理,这样各子模块在需要这些信息时,可以不用从数据库查询数据,只要从内存中读取参数信息就可以了。预处理不仅在系统初始启动时需要加载参数配置信息,而且在系统运行过程中当参数配置信息发生变化时各个子模块需要实时加载更新的参数配置信息,这个问题虽然有很多解决方案,但是都不够完美,实时性、扩展性都不强。而采用消息的发布订阅模式,当系统参数配置变更时,配置信息变更模块作为消息的生产者实时地把这些修改的参数信息通知消息服务器,消息服务器负责把这些信息分发到需要更新配置的系统各个模块中,保证参数配置信息能实时保持一致,不出现脏数据、失效数据,而且方便子系统的灵活扩展。例如,创建"参数修改"的主题,接收配置参数修改的消息,再分发给各消息监听器模块,如充值服务、消费服务等,随后各子服务模块实时更新内存化参数,如图 3.16 所示。

2. 点对点模式的业务接入

业务接入的主要功能是将各交易路由至各系统服务层的某个服务,为后续的服务处理做准备。支付账户子系统的交易分为管理类交易与账户类交易。账户管理类主要包括

第三章 第三方支付平台关键技术

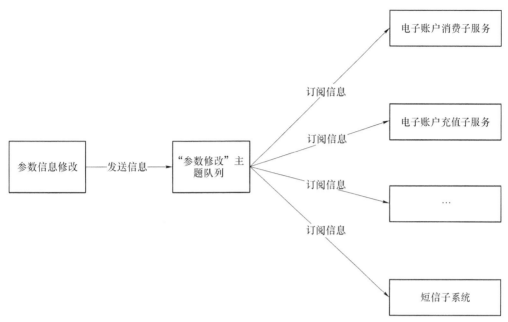

图 3.16 主题/订阅模式

账户开户、账户锁定/解锁等交易;账户交易类主要包括账户消费、充值等交易。系统为每个交易提供一个全局交易代码,比如账户开户的全局交易代码是 A0000,账户锁定的全局交易代码是 B0000。全局交易代码在整个系统里是唯一的。

业务接入模块负责接入交易,把交易的外部形式(表单数据或定长报文)进行格式解析,转换成系统规范的内部形式(如 JSON 对象),再根据交易代码,路由到对应的服务中。一个交易与一个交易代码对应,一个交易代码路由到下层的一个服务中。

通常情况下,面对如此多的业务,在开发过程中需要写很多的开关来控制业务的分流,即使在采用了目前主流框架 Spring+struts 的情况下,解决了分流问题,也不能解决业务处理灵活部署和监控的问题,增加了 Web 服务器的开销,在大用户量的情况下,必然成为系统的瓶颈。消息队列的架构既可以方便地对业务进行分流,也能够把业务处理模块灵活部署;既可以集中部署,也可以分布部署;既便于监控,也有利于后期维护升级。各个业务处理模块作为消息的消费者通过消息选择订阅自己感兴趣的消息,实现了业务分流,同时作为消费又可以灵活部署,易于监控。例如,系统初上线时,用户较少,把各个业务处理模块部署在一起,能够满足运营的需要,但是随着业务的拓展,用户数增加,集中部署就成为系统的瓶颈,这个时候就可以采用分散部署,把占用资源较高的模块独立部署,提高效率。此外,这种从集中式部署到分布式部署,不会明显影响前端业务受理的子系统,保证系统可以在线升级和维护。账户管理业务接入框架如图 3.17 所示。

在接入层,系统根据不同的交易类型,可将账户开户、密码修改、账户充值、账户消费等交易的消息分发至不同的消息队列。在服务层,通过基于 MDP 的异步消息的接收来监听各自对应的消息,进行业务处理,如注册服务监听账户开户请求的消息队列,负责消息的处理。

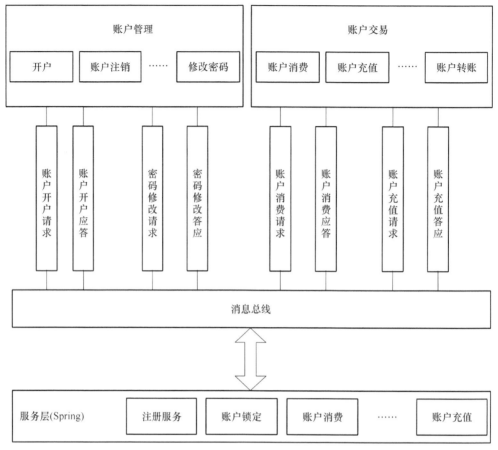

图 3.17　业务接入

通过监控功能,可以对各种类型的交易队列进行监控,发现哪些交易在目前的系统中并发量比较大,是系统的瓶颈,有针对性地对此类交易进行处理。当请求队列过长,系统将暂时关闭自己的服务入口。这样不仅达到了服务进程的流量控制目的,而且能够防止因为某个组件的失败导致系统阻塞的蔓延。此外,当出现外部渠道通信故障或者响应效率低下时,要确保消息队列的畅通,可以进行必要的数据持久化。在系统中所有的服务都是分隔独立的,而且服务调用都是异步执行的,从而避免某个模块的出错导致整个系统的瘫痪。另外还提供一种安全机制保证每个服务的执行时间不会过长,任何一个服务的出错,最多导致一个报文数据的丢失,这种出错由超时处理机制来发现并进行必要的冲正处理。

在消息的发送时,系统支持使用优先级策略保证重要的交易优先处理。一方面系统针对不同的交易设置不同的优先级,如账户注册的消息发送的优先级高于账户查询,账户消费消息发送的优先级高于账户开户。另一方面还可以根据特定的交易中不同特点设置不同的优先级别,例如在账户开户交易中,优质客户的账户开户比普通客户的账户开户的优先级高;在账户消费交易中,大额交易订单的账户消费比普通订单的账户消费的优先级高,大客户的账户消费比普通客户的账户消费的优先级高。通过设置优先级,系统不仅支持了个性化的服务,提升了用户的满意度,而且保证了重要业务的处理速度。

3. 基于异步消息的账户业务处理

账户子系统的业务处理涉及大用户量高并发的访问请求,单机很难满足需求,即使在多机分散部署的情况下,还存在一些额外的开销,比如数据传递路由选择,需要写代码进行路由选择,灵活性不够,同时维护升级影响比较大,即使增加一台服务器,也会影响到其他在用的系统运行。

消息服务器可以集群部署,提供高并发的特性,而且可以支持消息生产者、消费者的灵活扩展和部署。集群采用具有均衡负载功能代理 Broker 的集群方式,同时必须保证数据的安全,数据不能丢失,采用数据库作为持久化的存储介质,通过数据库集群解决 Broker 集群数据存储的单点故障问题。账户消费是整个系统的核心,整个系统交易的一半以上都是账户的消费请求。而在账户消费这个业务之中,承担消息消费角色的消费者起到很大的作用,不仅需要提供接收消息的服务,而且还需要确认消息,因此可以使用消息预取机制提高消息的处理效率。

业务的处理主要由服务层的服务完成,交易路由到服务层后,便可以针对特定的业务进行处理。账户子系统提供的服务主要分为两类,账户基本信息管理和账户交易。一般情况下,在处理业务时大致可分为身份认证、风险认证、核心处理和账务处理四个过程。各个过程紧密关联,需要数据交互,在消息总线架构中,数据以消息的形式传输,消息驱动可很好地解决处理过程的并行与串行。在所有业务处理服务中,账户消费服务最为典型,账户消费的序列如图 3.18 所示。

(1)身份认证

用户在账户消费时需要验证身份,用户输入用户名、密码等信息,用户身份认证之后,为了保证交易的安全性,还可以进一步进行手机验证,确保用户的真实性。此时系统需要向用户发送手机短信。采用异步消息队列的机制,向短信系统发送短信验证码消息,短信系统监听,并接收消息。这样不但加快了系统的处理时间,而且很好地解决了异构系统的整合问题。

(2)风险控制

风险控制功能主要为系统提供用户和商户的风险控制与风险案例生成。支付系统的风险业务主要来自于用户和商户。风险控制主要包含防钓鱼、黑白名单管理、交易限额管理、异常交易控制和可疑交易管理等。在处理风险时,调用系统的风险服务,使用基于 MDP 的异步消息队列机制,可以不影响账户子系统的实时交易处理。

(3)核心业务处理

核心业务处理采用基于 MDP 方式监听消息。

(4)账务处理

核心交易处理系统在受理外部交易后,会对非管理类交易进行实时记账处理。通过实时的记账和财务处理可及时地反映外部机构资金及账户的变动情况。核心交易处理系统在财务处理时,调用账户系统的记账接口,接口使用 JMS 消息队列的机制,不影响核心系统的实时交易处理。如出现记账的差错,则通过日终对账进行处理。

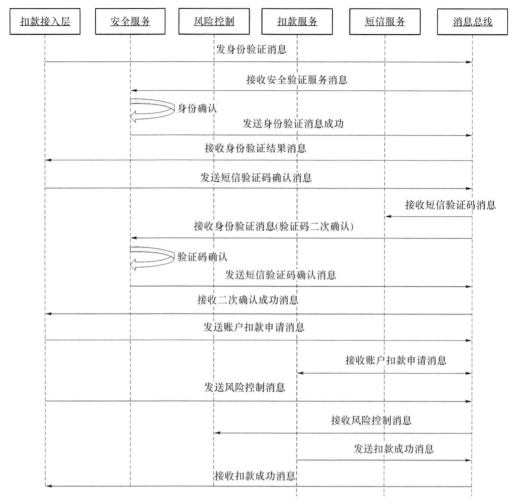

图 3.18 账户消费的序列

第三节 跨平台支付网关

支付网关是实现支付机构在互联网上的统一接口,它位于支付机构和商户之间,它为商户提供了多方式、多渠道、集中结算的统一接入协议,方便了商户网上支付的实现,能够有效地提升电子支付连接的效率。而在支付机构端,支付网关实现了支付机构多种接入协议的整合,同时减轻了支付机构对商户的管理压力。支付网关子系统有效地整合各个业务环节,实时地与其他多个外围系统进行通信和交互。签约商户通过支付插件与网关子系统相连,支付网关对购物信息和支付信息进行处理,将支付交易按照行内业务与接口要求转发给银行后台系统,实现互联网支付系统与后台化务系统的联机交易处理,从而完成整个网上支付流程。

一、商户管理

商户管理主要有商户接入、商户对账管理等。其中商户接入是商户管理的一个重要的基础工作。

1. 商户接入

商户接入主要分为商户的新增、商户的删除和商户的修改。

商户新增分为三步：

第一步，与商户签署接入协议后，录入商户的信息。操作内容包括为商户分配商户号，设置商户交易参数，参数包括商户能够使用的支付机构、商户单笔交易限额、用户手续费和商户手续费等。

第二步，审核录入信息，进行信息补充。操作内容包括为商户发放支付密钥，用于支付交易的加密传输和身份认证，同时为商户创建商户控制台账号和控制台登录密码。

第三步，管理员审核录入信息，进行开通核准。进行商户信息修改与删除时，如果原来的商户信息已经审核通过，修改或删除之后配置还不能生效，必须重新审核通过才能生效。

2. 商户信息配置管理

商户信息作为系统的基本配置元素，在支付模块、短信模块、充值模块、提现模块等子系统都需要用到商户的配置信息，如果商户信息变更了，及时更新各个子系统中缓存的商户信息就显得格外重要，如果使用传统解决方案就会存在很大的困难，时效性很难保证，而且开发工作量很大。采用主题模式可以很好地解决这个问题，各个子模块作为消息消费者订阅此消息，当商户变更配置的信息进入主题的时候，各个子模块就会收到相应的商户配置信息，进而可以更新对应的商户的配置信息。如图3.19所示，当操作人员审核通过之后，将发送消息到"商户修改"主题队列，订阅该主题消息的银行支付、银行提现等子服务实时接收消息，更新内存化参数。

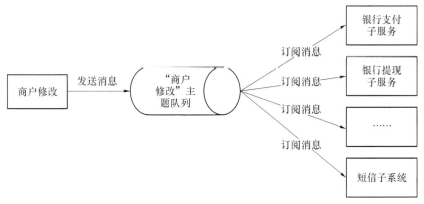

图3.19 "商户修改"主题/订阅模式

二、支付机构管理

支付机构管理主要有支付机构接入、支付机构对账管理等。其中支付机构的接入是支付机构管理的一个重要的基础工作。

1. 支付机构接入

支付机构接入主要包括支付机构的新增、删除和修改。

支付机构的新增主要分为三步：

第一步，与支付机构签署接入协议后，录入支付机构的信息，包括为支付机构分配支付机构号，设置支付机构交易参数，参数包括支付机构单笔交易限额、用户手续费和支付机构手续费。

第二步，审核录入信息，进行信息补充，包括为支付机构发放支付机构支付密钥，用于支付交易的加密传输和身份认证，同时为支付机构创建支付机构控制台账号和控制台登录密码。

第三步，审核录入信息，进行开通核准。修改与删除支付机构信息时，如果原来的支付机构信息已经审核通过，修改或删除之后配置还不能生效，必须重新审核通过才能生效。

2. 基于主题模式的支付机构管理

支付机构的管理与商户管理类似，支付机构的信息主要在支付模块使用，用户在充值或提现时会使用到支付机构的信息。"支付机构修改"主题/订阅模式如图3.20所示。

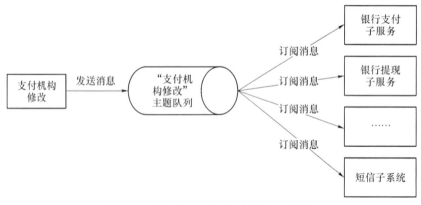

图3.20 "支付机构修改"主题/订阅模式

第四节 第三方支付系统安全

一、第三方支付系统安全保障框架

在第三方支付平台中，安全性是最为重要的一个因素，因而必须建立有效的安全保障体系,保证系统和关键数据的有效性、机密性、完整性、可靠性(不可抵赖和鉴别性),并具备相应的审查能力。

第三方支付安全保障体系框架如图3.21所示,可以概括为三个维度:技术维度上构建第三方支付安全技术保障体系;管理维度上构建基于第三方支付产业链的管理保障体系;产业支撑维度上构建第三方支付行业标准保障体系、法律法规保障体系和信用制度保障体系。

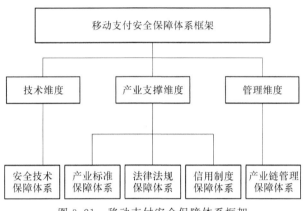

图3.21 移动支付安全保障体系框架

二、安全技术基础

1. 加密技术

加密技术是第三方支付采取的主要安全保密措施,是最常用的安全保密手段,利用技术手段把重要的数据变为乱码(加密)传送,到达目的地后再用相同或不同的手段还原(解密)。加密技术包括两个元素:算法和密钥。算法是将普通的文本(或者可以理解的信息)与一串数字(密钥)的结合,产生不可理解的密文的步骤,密钥是用来对数据进行编码和解码的一种算法。在安全保密中,可通过适当的密钥加密技术和管理机制来保证网络的信息通信安全。密钥加密技术的密码体制分为对称密钥体制和非对称密钥体制两种。相应地,对数据加密的技术分为两类,即对称加密(私人密钥加密)和非对称加密(公开密钥加密)。对称加密以数据加密标准(Data Encryption Standard,DES)算法为典型代表,非对称加密通常以RSA(Rivest Shamir Adleman)算法为代表。对称加密的加密密钥和解密密钥相同,而非对称加密的加密密钥和解密密钥不同,加密密钥可以公开而解密密钥需要保密。

(1) 对称加密

对称加密采用了对称密码编码技术,它的特点是文件加密和解密使用相同的密钥,即加密密钥也可以用作解密密钥,这种方法在密码学中称为对称加密算法,对称加密算法使用起来简单快捷,密钥较短,且破译困难,除了数据加密标准(DES),另一个对称密钥加密系统是国际数据加密算法(IDEA),它比DES的加密性好,而且对计算机功能的要求也没有那么高。IDEA 加密标准由 PGP(Pretty Good Privacy)系统使用。

在这种技术中,对信息的加密和解密都使用相同的密钥。也就是说,一把钥匙开一把锁。对称的加密方法简化了加密的处理过程,每个参与交易方不需要彼此研究和交换专用的加密算法,而是采用相同的加密算法,并只交换共享的专用密钥。如果交易方能够确保专用密钥没有在密钥传输阶段被泄露,那么消息的机密性和报文的完整性就可以通过对称加密方法加密机密信息和通过随报文一起发送报文摘要或者报文散列值来实现。所以对称加密技术存在交易方确保密钥安全交换的问题。

美国国家标准局提出的 DES 标准是目前广泛采用的对称加密技术之一。DES 密钥长度为 56 位。目前,对称密钥加密多用于金融机构加密个人识别号(Personal Identification Numbers,PINs)。

(2) 非对称加密

1976 年,美国学者 Dime 和 Henman 为解决信息公开传信送和密钥管理问题,提出一种新的密钥交换协议,允许在不安全的媒体上的通信双方交换信息,安全地达成一致的密钥,这就是"公开密钥系统"。相对于"对称加密算法",这种方法也称为"非对称加密算法"。与对称加密算法不同,非对称加密算法需要两个密钥:公开密钥(publickey)和私有密钥(privatekey)。公开密钥与私有密钥是一对,如果用公开密钥对数据进行加密,只有用对应的私有密钥才能解密;如果用私有密钥对数据进行加密,那么只有用对应的公开密钥才能解密。因为加密和解密使用的是两个不同的密钥,所以这种算法称为非对称加密算法。

在非对称加密体系中,密钥被分解为一对(即一把公开密钥或加密密钥和一把专用密钥或解密密钥)。这对密钥具有数学关系,一旦由一把加密后,只能由另一把解密。这对密钥中的任何一把都可作为公开密钥(加密密钥)通过非保密方式向他人公开,而另一把作为专用密钥(解密密钥)加以保存。公开密钥用于对机密信息的加密,专用密钥则用于对加密信息的解密。专用密钥只能由生成密钥对的一方掌握。公开密钥可以广泛发布,只对应于生成该密钥对的贸易方。利用非对称密钥技术实现机密信息交换的基本过程是:贸易方甲生成一对密钥并将其中一把作为公开密钥发布,得到该密钥的贸易方乙使用该密钥对机密信息进行加密后再发送给甲,甲再用自己保存的另一把专用密钥对加密后的信息进行解密。

目前在非对称加密技术中,RSA 算法是最为著名的算法,但是它存在的一个主要问题就是运算速度太慢,所以通常只用于信息量较小的加密运算,对于信息量大的加密,公开密钥加密用于对称加密方法中的密钥的加密。

(3) 数字签名

数字签名(又称公钥数字签名、电子签章)是一种类似写在纸上的普通的物理签名,但是使用了公钥加密领域的技术实现,用于鉴别数字信息的方法。一套数字签名通常定义两种互补的运算,一个用于签名,另一个用于验证。

数字签名的主要方式是:报文的发送方从报文文本中生成一个 128 位的散列值(或报文摘要)。发送方用自己的专用密钥对这个散列值进行加密来形成发送方的数字签名,然后将这个数字签名作为报文的附件和报文一起发送给报文的接收方。接收方首先从收到的原始报文中计算出 128 位的散列值(或摘要),接着再用发送方的公钥对报文附加的数字签名进行解密。如果两个散列值相同,接收方就确认该数字签名是发送方的。通过数字签名能够实现对原始报文的鉴别和不可抵赖性。

数字签名能够实现的功能:保证信息传输的完整性;发送者的身份认证;防止交易中的抵赖发生;发送方事后不能否认所发送过的消息,接收方或非法者不能伪造、篡改消息。

数字签名是公开密钥加密技术的另一类应用。数字签名技术是将摘要信息用发送者的私钥加密,与原文一起传送给接收者。接收者只有用发送的公钥才能解密被加密的摘要信息,然后用 HASH 函数对收到的原文产生一个摘要信息,与解密的摘要信息对比。如果相同,则说明收到的信息是完整的,在传输过程中没有被修改,否则说明信息被修改过,因此数字签名能够验证信息的完整性。

(4) 加密技术在第三方支付中的应用

加密技术在第三方支付中的应用也较为广泛。第三方支付过程中涉及加密技术的主要有以下几个方面:

① 用户的注册信息。用户注册时的相关信息需要采用加密技术,这样可以保证用户信息的安全,防止重要信息泄露。一般情况下,用户的密码都需要加密,其他的信息根据平台的不同,加密的程度也不同。

② 用户的交易相关信息。交易过程中的大部分信息都需要加密,尤其是在支付过程中,用户输入相关的账户和密码以及金额等信息传输时更需要加密,交易订单具体信息、送货地址、身份验证信息、手机短信验证信息等也需要进行加密。

③ 用户使用相关服务提供的信息。比如手机号码、身份证号码等,这些信息也需要加密,以免泄露而对用户造成不必要的影响。

2. PKI 体系

公开密钥基础设施(PublicKey Infrastructure,PKI)是 Internet 上保障信息安全的重要技术。PKI 是一种遵循标准的密钥管理平台,能够为所有网络应用透明地提供采用加密和数字签名等密码服务所必需的密钥与证书管理。简单来说,PKI 就是利用公钥理论和技术建立的提供安全服务的基础设施。PKI 技术是信息安全技术的核心,也是电子商务的关键和基础技术。PKI 的基础技术包括加密、数字签名、数据完整性机制、数字信封、双重数字签名等。

PKI 必须具有认证机关(CA)、数字证书库、密钥备份以及恢复系统、证书作废处理系统、应用接口(API)系统等基本成分,PKI 系统也是围绕这五大系统来构建的。

① 认证机构:CA 是数字证书的签发机构,是 PKI 体系的核心。公钥体制中的公钥是公开的,需要在网上传送,目前对公钥的管理问题较好的解决方案是使用证书体制。证书是公钥体制的一种密钥管理媒介,是一种权威性的文档,如同网络计算环境中的一种身份证,用于证明某个主题(人或服务器)的身份和其公钥的合法性。CA 就是用于证明主体的身份和其公钥的匹配关系。

② 数字证书库:数字证书库是数字证书和公钥的集中存放地,是网上的一种公共信息库,用户可以从此处获得其他用户的证书和公钥。构造证书库的最佳方法是采用 LDAP 协议的目录系统,用户和相关进程通过 LDAP 来访问证书库。

③ 密钥备份及恢复系统:PKI 提供备份与恢复解密密钥机制用于处理用户丢失解密密钥的情况。密钥备份和恢复只针对解密密钥,而签名私钥是不能够备份和恢复的。

④ 证书作废处理系统:PKI 采用三种策略提供证书的作废机制,作废一个或多个主题的证书;作废由某一对密钥签发的所有证书;作废由某个 CA 签发的所有证书。作废一张证书通过将该证书列入作废证书表(CRL)来完成。用户在验证证书时负责检查该证书是否在 CRL 之列。

⑤ PKI 应用接口系统:一个完整的 PKI 必须提供一个良好的接口,以便各种各样的应用能够以安全、一致、可信的方式与 PKI 交互,确保所建立起来的网络环境的完整性、易用性和可信性,同时降低管理维护成本。PKI 应用接口系统应该是跨平台的。PKI 应用接口系统主要实现的功能有:完成证书的验证工作,为所有应用以一致可信的方式使用公钥证书提供支持;以安全一致的方式与 PKI 密钥备份和恢复系统进行交互,为应用提供统一的密钥备份和恢复支持;在所有应用系统中,确保用户的签名私钥始终只在用户本人的控制之下,阻止备份签名私钥的行为;根据安全策略自动为用户更换密钥,实现密钥更换的自动、透明与一致;为方便用户访问加密的历史数据,向应用提供历史密钥的安全管理服务;为所有应用访问统一的公用证书提供支持;与证书作废系统交互;完成交叉证书的验证工作;支持多种密钥存放介质,包括 IC 卡、PC 卡、安全文件等。

数字证书是大多数第三方支付平台使用的技术,支付宝、财付通、快钱等都在使用这项技术。

3. 保密通信

SSL (Secure Socket Layer)为 Netscape 所研发,用以保障在 Internet 上数据传输的安全,利用数据加密(Encryption)技术,可确保数据在网络上传输过程中不会被截取及窃听。它已被广泛地用于 Web 浏览器与服务器之间的身份认证和加密数据传输。SSL 运行在 TCP/IP 层之上、应用层之下,为应用程序提供加密数据通道,它采用了 RC4、MD5 以及 RSA 等加密算法,使用 40 位的密钥,适用于商业信息的加密。

SSL 加密技术是第三方支付中使用最为广泛的加密技术,支付宝、财付通、快钱、易宝支付等都使用了 SSL 加密技术。支付宝在传输过程中的信息受到加密密钥长度达 128 位的 SSL 保护。易宝支付的支付网关的信息传输也使用国际通行的 128 位 SSL 加密技术,并对传输数据进行数字签名,保障在线支付的安全。快钱平台系统对全部用户信息、账户信息、加密、签名等进行 128 位 SSL 加密。财付通采用先进的 128 位 SSL 加密技术,确保用户信息安全传输,避免窃取。

4. 身份认证与访问控制

身份认证技术是在计算机网络中确认操作者身份的过程而产生的解决方法。

计算机网络世界中一切信息包括用户的身份信息都是用一组特定的数据来表示的,计算机只能识别用户的数字身份,所有对用户的授权也是针对用户数字身份的授权。

如何保证以数字身份进行操作的操作者就是这个数字身份合法拥有者,也就是说保证操作者的物理身份与数字身份相对应,身份认证技术就是为了解决这个问题,作为防护网络资产的第一道关口,身份认证有着举足轻重的作用。

常见的认证技术有如下七种。

实名认证：实名认证同时核实客户身份信息和银行账户信息。实名认证主要是通过姓名和身份证号是否一致来进行验证。这种方法安全性一般，身份信息可能在使用过程中泄露。

静态密码：用户在网络登录时输入自己设定的密码，计算机就会认为该用户是合法用户。在实际应用中，用户往往容易忘记密码，因此，在注册时提供了密码提示问题，该问题用于密码丢失时找回。因为是静态的密码，因此容易被木马和程序截获。静态密码最为简单，但安全性也很差，是一种不安全的身份认证方式。

智能卡：是一种集成电路的芯片，芯片中存有与用户身份相关的数据，智能卡由专门的厂商通过专门的设备生产，是不可复制的硬件。智能卡需用户携带才可使用，较不方便，仍然存在一定隐患。

短信密码：这是一种动态的密码，每次使用的密码都是以手机短信形式请求的包含6位随机数，短信密码比较安全，普及性较高，易收费，易维护。因此是一种口碑较好的身份认证技术。

动态口令牌：这是目前最安全的身份认证方式，它是客户手持用来生成动态密码的终端，基于时间同步方式，每隔一定时间变换一次口令，口令一次有效，它产生6位动态数字进行一次一密的方式认证。由于动态口令牌使用起来非常便捷，85%以上的世界500强企业运用它保护登录安全，广泛应用于第三方支付中。

数字签名：数字签名又称电子加密，可以区分真实数据与伪造、被篡改过的数据。这对于网络数据传输，特别是电子商务是极其重要的，一般要采用一种称为摘要的技术，摘要技术主要是采用 HASH 函数〔HASH（哈希）函数提供了这样一种计算过程：输入一个长度不固定的字符串，返回一串定长度的字符串，又称 HASH 值〕将一段长的报文通过函数变换，转换为一段定长的报文，即摘要。身份识别是指用户向系统出示自己身份证明的过程，主要使用约定口令、智能卡和用户指纹、视网膜和声音等生理特征。数字证明机制提供利用公开密钥进行验证的方法。

生物识别技术：生物识别技术是通过可测量的身体或行为等生物特征进行身份认证的一种技术。生物特征是指唯一的可以测量或可自动识别和验证的生理特征或行为方式。目前这方面实际应用最多的就是指纹识别技术和语音识别技术。

身份认证技术在第三方支付平台中使用比较频繁，几乎所有的第三方支付平台都支持身份认证。静态密码技术较为简单，每一种第三方支付工具都要使用，因此在这里不过多地陈述。

支付宝使用的手机动态口令，开通此服务后，进行重要操作时，支付宝会将"手机动态口令"通过短信或电话语音的方式，发送到使用者的手机上，然后只要输入对应口令便可继续操作，从而保证账户安全。此外支付宝也采用了实名认证技术，它的优势体现在：支付宝实名认证为第三方提供，更加可靠和客观；由众多知名银行共同参与，具有权威性；同时核实客户身份信息和银行账户信息，极大地提升其真实性；认证流程简单，认证信息及时反馈，客户实时掌握认证进程。

快钱提供三种身份验证机制（手机验证、银行卡验证、身份证验证），使交易更安全、更放心。

快钱口令卡是快钱为了满足广大个人会员的要求,综合考虑安全性与成本因素而推出的一款全新的电子安全产品。快钱口令卡是有若干数字字符串的电子卡片,每个字符串对应一个唯一的坐标。

三、第三方支付安全技术保障体系

从技术维度分析,通过综合应用多种基础安全技术,可以从三个方面建立起第三方支付安全技术保障体系,包括:终端层的支付安全技术、网络层的支付安全技术和应用层的支付安全技术。

1. 手机终端安全技术

手机终端安全 PKI 应用体系是基于手机 USIM 卡或者 SD 卡的高安全芯片完成机密数据存储和加密,同时在手机上提供基于 PKCS♯11 的安全中间件为应用提供安全身份认证功能,该技术主要用于移动互联网中手机终端的身份认证。该体系由物理层和安全组件层组成,如图 3.22 所示。

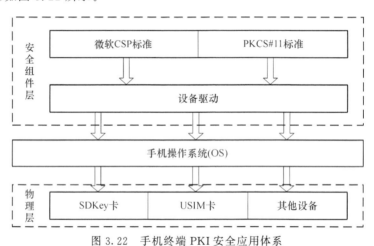

图 3.22 手机终端 PKI 安全应用体系

(1) 物理层

物理层主要涉及 SDKey 及 USIM(全球用户识别卡)等硬件设备。SDKey 是一张 SD 密码卡,USIM 是一张手机卡,两者的功能都是提供高芯片安全,完成机密数据存储和加密算法。用于标识用户身份的私有密钥存储和密钥运算都在这些硬件设备中完成,这样可以有效地防止用户私有密钥泄露,为用户提供硬件级的安全保证。

(2) 安全组件层

物理层之上是安全组件层,该层为上层应用提供符合两组标准的接口,分别是微软 CSP 标准(可用于 Windows Mobile 手机操作系统)或者是 PKCS♯11 标准(可用于 Android 手机操作系统)。手机终端应用开发者只需根据 CSP 标准或 PKCS♯11 提供的标准接口开发 API,至于设备底层采用何种密码硬件则无须考虑,开发出的应用都可以跨手机终端平台正常运行。

2. 网络层支付安全技术

移动支付在网络层主要面临着网络接入风险,相对应的安全技术包括移动网络接入安全技术和无线局域网接入安全技术。

(1) 移动网络接入安全技术

移动网络主要是指移动运营商提供语音和数据服务的移动通信网络,包括2G、3G和4G网络。移动网络接入安全技术包括:数据传输安全技术和无线公钥基础设施。

● 数据传输安全技术

数据传输安全技术主要包括安全套接层协议(Secure Sockets Layer,SSL)和安全电子交易协议(Secure Electronic Transaction,SET)。

SSL协议为Netscape公司所研发的用于网络传输层与应用层之间的安全连接技术。该技术基于RSA公钥算法,通过数字签名和数字证书来实行身份认证,广泛应用于Web浏览器与服务器之间的身份认证和加密数据传输,可确保数据在网络传输过程中不会被截取及窃听。

SET协议是由美国Visa和MasterCard两大信用卡组织联合国际上多家机构共同制定的在线交易安全标准,该标准是在B2C上基于信用卡支付模式而设计的,主要目的是保障消费者的信用卡在线购物安全。它采用的技术有:对称密钥/公开密钥加密、哈希算法、数字签名技术。SET协议使信用卡信息和订单信息隔离。订单送到商家时,商家只能看见订单信息,看不到信用卡信息,同时需要持卡人和商家相互认证,确定通信双方身份,一般由认证中介为双方提供信用担保,保证信息的机密性和完整性。

● 无线公钥基础设施

无线公钥基础设施(Wireless Public Key Infrastructure,WPKI)的思想来源于公钥基础设施PKI,它将互联网电子商务中PKI安全机制移植到无线网络环境中,WPKI是一套遵循已有标准的密钥和证书管理的平台体系。移动网络中使用的公开密钥和数字证书都是由WPKI进行管理的,WPKI可以建立安全可信的无线网络环境,方便实现交易双方信息的安全传递。

WPKI的工作流程主要由发放WPKI证书和WAP的安全连接两部分组成,其工作过程如下:

① 用户利用移动终端向注册中心(RA)递交证书申请。

② RA审查用户递交的申请,审查合格后将申请传递给认证中心(CA)。

③ CA为用户生成一对密钥并制作证书,并将证书传回给RA。

④ CA将证书存于证书目录数据库中,供所有在线用户查询。

⑤ RA保存用户的证书,为每一个证书生成一个对应的URL,并将该URL发送给持有移动终端的用户。

⑥ 在线网络服务器从证书目录服务器处下载证书列表以备使用。

⑦ CA颁发的证书为移动用户终端和WAP网关之间建立安全的连接。

⑧ WAP网关和在线网络服务器之间建立起安全连接,保证移动用户终端和在线网络服务器的信息安全传输。

(2) 无线局域网接入安全技术

无线局域网接入安全技术主要体现在无线局域网的安全协议上,目前常用的是 IEEE802.11i 协议体系和无线局域网鉴别与保密基础结构(WLAN Authentication and Privacy Infrastructure,WAPI)。

- IEEE 802.11i 协议体系

IEEE 802.11i 协议体系是美国电气和电子工程师协会 IEEE 工作组针对 IEEE802.11 在安全机制上存在的 WEP(Wired Equivalent Privacy)安全缺陷,于 2004 年 6 月发布的新一代安全标准,该安全标准为了增强 WLAN 的数据加密和认证功能,定义了健壮安全网络(Robust Security Network,RSN)概念。IEEE 802.11i 协议体系结构如图 3.23 所示。

图 3.23 IEEE802.11i 协议体系结构

IEEE 802.11i 协议体系按照功能划分为三层,最上层为可扩展认证协议(Extensible Authentication Protocol,EAP),用户的接入认证使用基于 EAP 的各种认证协议来完成。EAP-TLS 协议是对基于接入点(AP)和客户端(STA)所拥有的数字证书进行双向认证的协议。中间层为 IEEE802.1x 接口访问机制,该机制用以实现合法用户对无线网络访问的认证、授权和动态密钥管理功能。底层包括三种协议:临时密钥完整性协议(Temporal Key Integrity Protocol,TKIP)、计数器模式密码块链消息完整码协议(Counter CBC-MAC Protocol,CCMP)、无线健壮安全认证协议(Wireless Robust Authenticated Protocol,WRAP),该层协议可实现信息通信的机密性和完整性。

- WAPI 安全技术

我国于 2003 年颁布了 WAPI,它是一套无线局域网安全标准,这套安全标准是我国自主创新并拥有知识产权的标准,在计算机宽带无线网络通信领域属于首次研发的产品。它以公钥基础设施(PKI)架构为基础,全新定义了 WLAN 实体认证和数据保密通信安全基础架构。这种安全机制由无线局域网鉴权基础设施(WLAN Authentication Infrastructure,WAI)和无线局域网保密基础设施(WLAN Privacy Infrastructure,WPI)两部分组成,分别用于鉴别用户身份和加密传输数据。

WAI 可以实现无线接入点和无线用户之间的双向鉴权认证,其中身份凭证采用基于公钥密码体系的数字证书,签名算法采用 192/224/256 位椭圆曲线签名算法,认证管理方法采用集中式或分布集中式管理方法,使整个认证过程较易操作;认证服务单元扩展方便,可以支持用户的异地接入;客户端支持多证书,方便用户实现异地漫游。WAI 具有鉴别机制更安全、密钥管理技术更灵活、基础网络的用户易集中管理的特点,能够满足更多用户和更复杂的安全需求。

MAC 服务数据单元(MAC Service Data Unit,MSDU)由 WPI 进行加/解密处理。WPI 的主要功能有:WLAN 设备的密钥协商、访问控制、链路验证和身份鉴别,传输数据和数字证书的加/解密与用户信息的加密保护。

3. 应用层服务安全技术

支付系统的接口层面临电信运营商短信平台、空中下载技术(Over TheOAir Technology,OTA)平台、金融系统、商户系统等外围系统的接入,接入模块之间是以 Web Service 接口交互的,系统彼此间的信息安全传递尤为重要。因此,研究应用服务层安全技术主要考虑 Web Service 接口安全技术,该技术可以保证外围系统安全接入支付平台系统,满足信息的一致性、完整性要求。

Web Service 是一种典型的面向服务体系结构(SOA),SOA 可以提供一组松耦合的服务,每个服务的建立和替换都相对简单。Web Service 接口安全技术主要包括网络防火墙技术和简单对象访问协议 SOAP 消息监控网关技术。

(1) 网络防火墙技术

企业应用安全威胁有可能来自包含恶意数据的 SOAP 消息,因此,在支付平台外部署一套网络防火墙来对付恶意 SOAP 消息是很有必要的,网络防火墙可以对恶意 SOAP 消息仔细地进行内容审查和过滤。如果支付平台与外围系统之间使用少量的、有限的 SOAP 消息,部署传统防火墙就能满足需求。如果还需验证 SOAP 消息,则需专门在传统防火墙后面再部署一道应用程序层面的防火墙,来验证消息发送者是否经过授权。

(2) SOAP 消息监控网关技术

SOAP 消息路由器、SOAP 消息检查器和 SOAP 消息阻截器三者共同组成了 SOAP 消息监控网关,可以实现 SOAP 消息数据级、消息级、传输级的安全。

SOAP 消息路由器通过对 SOAP 消息进行加密和数字签名,提供数据级机密性和完整性功能,同时采用单点登录令牌,使消息在多个端点之间可以安全地传递,保证将消息最终安全地到达服务提供者。

SOAP 消息检查器主要用于检查和验证 XML 消息的质量,安全机制包括:认证、验证、授权、XML 数字签名、XML 加密、XML 密钥管理及消息级安全识别。

SOAP 消息阻截器是实施 SOAP 消息传输级的安全机制。通过安全检查接收和发送的 XML 数据流,验证 SOAP 消息是否符合标准的 XML 格式,鉴别消息的唯一性和发送者的真实性。另外,SOAP 消息传输级安全还应通过 SSL 连接建立、IP 检查和 URL 访问控制来实现。

第五节 移动支付技术

一、SIMPASS 技术

SIMPASS 技术融合了 DI 卡技术和 SIM 卡技术,或者称为双界面 SIM 卡。SIM-

PASS 是一种多功能的 SIM 卡,支持接触与非接触两个工作接口,接触界面实现 SIM 功能,非接触界面实现支付功能,兼容多个智能卡应用规范。

利用 SIMPASS 技术,可在无线通信网络及相应的手机支付业务服务平台的支持下,开展各种基于手机的现场移动支付服务。使用 SIMPASS 的用户只需在相应的消费终端前挥一下,即可安全、轻松地完成支付过程。

SIMPASS 卡除支持 GSM 或 CDMA 规范外,与低成本非接触 CPU 卡兼容,这也为 SIMPASS 卡片的广泛应用提供了基础应用环境。

SIMPASS 的应用是一项系统工程,包括支持 SIMPASS 的手机、商家提供的消费终端、SIMPASS 应用系统结算平台、移动运营商提供的通信网络、银行业务平台等多个方面的配合。SIMPASS 在应用系统环境支持下可开展多种具体的智能卡应用系统。其优势是多方面的:以手机作为支付工具,不用专门携带智能卡;以非接触方式交易,交易速度快,适应于人流量大的影院、公共汽车、轨道交通等应用;SIMPASS 支持一卡多用,可用于购水、购电、购气等多个应用,应用间具有防火墙,各应用可具有独立的安全策略及文件系统;SIMPASS 使用灵活,可使用 SIM 卡提供的 OTA 功能进行卡端应用的更新;支持 DES、RSA 等安全算法,可根据应用需要建立相应的安全体系;SIMPASS 兼容性强,兼容现有城市一卡通 DI 卡应用环境,这非常有利于在城市一卡通应用中推行手机支付。

随着 4G 的广泛应用,中国电信业持续快速发展,特别是金融与电信的合作与融合,已经成为大趋势。未来 SIMPASS 将有着广阔的应用前景。

二、NFC 移动支付技术

1. NFC 技术特点

NFC(Near Field Communication)近场通信技术是由非接触式射频识别(RFID)及互联互通技术整合演变而来,由飞利浦半导体(现恩智浦半导体 NXP)、诺基亚和索尼公司共同研制开发的一种非接触式识别和互联技术,可以在移动设备、消费类电子产品、PC 和智能控件工具间进行近距离无线通信。

NFC 提供了一种简单、触控式的解决方案,可以让消费者简单直观地交换信息、访问内容与服务。这是一种短距高频的无线电技术,在 13.56MHz 频率运行于 20 厘米距离内。举个例子来说,银行磁条卡要有个磁头跟磁条接触才能读取磁条信息,支持 NFC 的卡只要跟 NFC POS 距离小于 20 厘米就可以读取卡内信息,当然出于安全角度考虑,一般这个距离都会被限制在 1~2 厘米。央行正式发布的中国金融移动支付系列技术标准也是基于这个技术而来。

NFC 将非接触读卡器、非接触卡和点对点(Peer-to-Peer)功能整合进一块单芯片,为消费者的生活方式开创了不计其数的全新机遇。这是一个开放接口平台,可以对无线网络进行快速、主动设置,也是虚拟连接器,服务于现有蜂窝状网络、蓝牙和无线 802.11 设备。

NFC 技术的特点有:在 ISO/IEC 18092 NFCIP-1 下进行标准化;以 13.56 MHz RFID 技术为基础;通信距离为 20 厘米;与现有的非接触式智能卡国际标准相兼容;数据

传输速率 106 kbit/s、212 kbit/s 或 424 kbit/s。

2. NFC 移动支付的发展及应用现状

NFC 的技术其实早在十年前就已经被广泛应用于各行各业,例如大家都熟悉的公交卡、餐卡、门禁卡、银行 IC 卡等。

NFC 支付技术能被广泛应用,最重要的一点就是"快",其次就是安全。例如我们生活中最常用的公交卡就是 NFC 支付的一个典型应用,公交卡是一个离线钱包,包括对应的 POS 机,都可以脱机使用。基本国内上公交卡都是在线充值,离线消费。使用公交卡支付,只要在 POS 机上感应一下就可以完成支付,整个流程耗时不会超过 0.3 秒。并且,在支付的过程中不需要输入密码,对于小额高频的交易来说,整个体验非常顺畅。

随着 NFC 技术的普及,人们手里的各种卡也越来越多,每张卡都有着自己独立的应用场景。卡片越来越多,但是它们之间却没有任何交集,每个城市都有自己的公交卡,它们之间并不能互联互通。其次就是密钥的管理问题,每个企业都希望把最核心的密钥掌握在自己手里,因为如果密钥泄露或者被第三方控制,有可能会造成自身利益受损。原有的方案都需要硬件加密模块,未来能否在安全的情况下,把密钥的安全模块放到云端处理?能否让原来离线使用的公交卡具备联网在线支付的能力呢?

在下一个阶段,已经看到的一个方向就是基于手机的全终端解决方案。通过手机内置加密模块,可以在线从相关企业或机构下载相关密钥和交易插件,实现公交卡、银行卡空中发卡、充值、消费等工作。手机就是公交卡,手机就是银行卡,出门不再是手机、钱包和钥匙,只要带一个手机就可以实现上述全部功能。

在把公交卡、银行卡集成到手机中,银联、移动运营商、谷歌分别提出了不同的技术方案,大致都是通过建立 TSM(可信服务管理平台),把 Secure Element 安全芯片(简称 SE)放在自己的管理下,以实现对这个体系的控制。

- 银联方案

银联曾经提出过一种 NFC SD 卡的方案,就是把 SE 放入到 SD 卡中,通过手机与 SD 卡的交互,实现对 SD 卡的读写操作,同时借助手机 4G 上网的能力,使得原来离线的卡具备在线通信和交易能力。但是这个方案存在一个弊端,每个手机的 SD 卡插槽位置不一,对于不支持 NFC 的手机,这个 SD 卡还要连接一个天线。这个 SD 卡需要单独为很多手机做适配,造成大规模推广难度极高。

- 移动运营商方案

这个方案的特点就是把 SE 整合到了 SIM 卡当中,通过手机对 SIM 卡的读写能力实现对 SE 的管理,并且 SIM 卡具备联网能力,空中发卡、充值、在线消费都轻松实现。目前住建部、招行都分别跟运营商有合作,运营商向它们开发 SWP SIM 卡的操作能力,把密钥注入 SIM 卡中,使得手机替代公交卡、银行卡功能。这个模式的缺点就是必须换卡,而且必须绑定运营商提供服务。

- 谷歌方案

如果说上面的方案都是基于硬件实现的,例如需要把 SE 模块集成到 SD 卡或者 SIM 卡中,谷歌在 2014 年推出的 HCE(Host Card Emulation)方案则实现了软件或者云端实现 SE 功能,并且把 SE 开放给合作方自己管理和控制。

HCE技术只是实现了将NFC读卡器的数据送至操作系统的HCE服务或者将回复数据返回给NFC读卡器,而对于数据的处理和敏感信息的存储则没有具体实现,所以HCE技术是模拟NFC和SE通信的协议与实现,但是HCE并没有实现SE,只是用NFC与SE通信的方式告诉NFC读卡器后面有SE的支持,从而以虚拟SE的方式完成NFC业务的安全保证。既然没有SE,那么HCE用什么来充当SE呢,解决方案要么是本地软件的模拟,要么是云端服务器的模拟。HCE最大的好处是部署方便,基于云端的SE适合互联网公司应用。

3. NFC技术原理

支持NFC的设备可以在主动或被动模式下交换数据。在被动模式下,启动NFC通信的设备,也称NFC发起设备(主设备),在整个通信过程中提供射频场(RF-field)。它可以选择106kbit/s、212kbit/s或424kbit/s其中一种传输速度,将数据发送到另一台设备。另一台设备称为NFC目标设备(从设备),不必产生射频场,而使用负载调制(load modulation)技术,即可以相同的速度将数据传回发起设备。此通信机制与基于ISO14443A、MIFARE和FeliCa的非接触式智能卡兼容,因此,NFC发起设备在被动模式下,可以用相同的连接和初始化过程检测非接触式智能卡或NFC目标设备,并与之建立联系。

在主动模式下,通信双方收发器加电后,任何一方可以采用"发送前侦听"协议来发起一个半双工发送。在一个以上NFC设备试图访问一个阅读器时这个功能可以防止冲突,其中一个设备是发起者,而其他设备则是目标。每台设备要向另一台设备发送数据时,都必须产生自己的射频场。发起设备和目标设备都要产生自己的射频场,以便进行通信。

在被动模式下,像RFID标签一样,目标是一个被动设备。标签从发起者传输的磁场获得工作能量,然后通过调制磁场将数据传送给发起者(后扫描调制,AM的一种)。移动设备主要以被动模式操作,可以大幅降低功耗,并延长电池寿命。在一个应用会话过程中,NFC设备可以在发起设备和目标设备之间切换自己的角色。利用这项功能,电池电量较低的设备可以要求以被动模式充当目标设备,而不是发起设备。

- 标准化

NFC是符合ECMA 340与ETSI TS 102 190 V1.1.1以及ISO/IEC 18092标准的一种开放式平台技术。这些标准详细规定NFC设备的调制方案、编码、传输速度与RF接口的帧格式,以及在主动与被动NFC模式初始化过程中,数据冲突控制所需的初始化方案和条件。此外,这些标准还定义了传输协议,其中包括协议启动和数据交换方法等。

- NFC与蓝牙和红外技术的比较

作为一种面向消费者的交易机制,NFC比红外更快、更可靠而且简单得多。另外,蓝牙则是一种弥补NFC通信距离不足的缺点,适用于较长距离数据通信。NFC面向近距离交易交互,适用于交换财务信息或敏感的个人信息等重要数据。NFC和蓝牙相互为补充,共同存在。事实上,快捷轻型的NFC协议可以用于引导两台设备之间的蓝牙配对过程,并在这方面促进蓝牙的使用。模式的典型应用是建立蓝牙连接、交换手机名片等。

- NFC 与其他近距离通信技术的比较

4. NFC 与移动电话平台的集成

拥有 NFC 的移动电话将会刺激消费者产生消费,为无线运营商、零售商和手机厂商带来商机。配备 NFC 的电话通过让消费者体验直观的连接方式,进而改变信息和服务的分配、付费和访问方式。NFC 电话能够进行安全的移动支付和交易,还可以在移动过程中,方便地进行点对点通信以及轻松获取信息。

越来越多的消费者都在用移动电话下载付费内容,例如为其电话下载铃声(当前,移动运营商 10%～15% 的收入都来自于下载铃声或基于 Java 的小游戏)。NFC 提供的下一代标准化连接,将使消费者可以访问海报、杂志和报刊等项目中的数字内容(铃声、歌曲、游戏、Web 链接、地址和优惠券等),还支持配备 NFC 的手机之间的点对点传输。

现今的大多数手机都配备了蓝牙相关功能,所以 NFC 可以充当启动设备,使电话之间的数据交换传输更加便捷。NFC 还支持多台手机间进行多人游戏。NFC 允许用户与环境交互,无须浏览复杂的菜单或执行复杂的设置程序。

为了支持像支付这样的安全应用,NFC 可以和一个安全芯片配合。在这方面,该领域的几大厂商也都在考虑下面不同的方案:

NFC+SIM(用户标识模块)安全模式:用一条或几条线路将 SIM 卡连接到符合 NFC 技术标准的非接触式芯片。在这种情况下,SIM 将托管移动商务应用程序和安全密钥。天线直接连接到 NFC 芯片。飞利浦目前制造的 NFC 和智能卡 IC 都支持双线数字接口。NFC 芯片和安全芯片之间的这个接口(S2C)与现有的非接触式标准完全兼容,并已提交给 ECMA 进行标准化。

绕过 SIM 保障 NFC 的安全:在这种情况下,将特定的智能卡器件安装到电话功能盖、电话主 PCB 或者甚至是 SD 卡中。支付/票证应用程序和相关的安全密钥则要存储在智能卡 IC 中。将 NFC 和智能卡 IC 组合在单一封装或芯片中,其单位成本最具吸引力,也可作为候选方案。

还可能最终考虑将 NFC 与 SIM 卡和专用智能卡 IC 结合在一起,由后面二者提供安全性能。

三、RF-SIM 移动支付技术

1. 射频识别技术

RFID(Radio Frequency Identification)即无线电频率辨识技术,简称射频识别。射频识别技术最早是由雷达技术发展演变而来的。1948 年哈里·斯托克曼发表的"利用反射功率的通信"成功地奠定了 RFID 的理论技术基础。它是从 20 世纪 80 年代开始走向成熟的一种非接触式的自动识别技术。

通常，RFID硬件结构组成如下：

1) 标签（或智能卡片）：由天线和芯片组成，不同的标签具有不同的电子编码（UID），作为待识别物品的标识性信息。

2) 阅读器：读写电子标签信息的设备。

3) 天线：在标签和读取器之间传递射频信号。

在实际使用中，除以上几部分之外，数据管理系统也是RFID系统的重要组成成分。数据管理系统的作用主要是对数据进行存储和管理。

RFID在不同频段中的工作原理是不相同的，针对LF、HF、UHF和微波等不同频段的电子标签分别采用电感耦合、电磁场耦合、反向散射原理。

2. 手机RF-SIM卡技术

RF-SIM卡是一种新型的可实现中近距离无线通信的手机智能卡，它通过将射频模块集成到手机SIM卡里，外形尺寸和传统的SIM卡完全一致，基于2.4 GHz频段，通信距离为10～500厘米，支持单向数据广播100米。它不但有SIM卡的基本通信功能，还能进行近距离无线通信，比如手机支付和身份认证。接触接口特性完全遵循ISO7816-1、ISO7816-2、ISO7816-3中的规定。

RF-SIM卡是可实现中近距离无线通信的手机智能卡，是一个可代替钱包、钥匙和身份证的全方位服务平台。它的最大特点是不需换手机，现有手机换一张智能卡后就成了类NFC手机，但使用的频率是2.4 GHz，不是13.56 MHz，通信距离可在10～500厘米自动调整，单向支持100米（数据广播）。

SIM卡部分用于正常的手机移动通信、鉴权，仅用作与手机的物理连接；内置软件用于管理高安全度的RF-ID、内置e-credit电子信用卡、EMV电子钱包以及其他基于Mifare逻辑的VIP会员卡；使用微型RF模块并通过内置的天线与外部设备通信。

RF-SIM卡的主要功能包括：标准SIM功能（GSM 11.11、GSM 11.14）；电子钱包功能（模拟Mifare数据逻辑结构并符合PBOC 2.0以及EMV电子信用卡的规范要求，支持空中开卡和充值）；远程支付功能（RSA）；超级VIP卡功能（CRM、积分、打折、交易）；电子票据功能；电子证件功能；名片交换功能。

RF-SIM卡支持接触和非接触两个接口，接触接口负责SIM卡应用，实现手机卡的电话短信功能。非接触界面可完成门禁、考勤、消费等应用。由于具有支持空中下载的相关规范（WIB和OTA规范）的特点，使得RF-SIM卡用户可通过空中下载的方式，来实时更新手机中的应用程序或账户充值，让手机成为随用随充的智能电子钱包。

在RF-SIM双芯片硬件架构中，安全SIM芯片的作用是完成非接触式通道安全控制及传统移动通信的所有功能，2.4 GHz芯片主要是作为射频通信通道，实现与读写器的通信。双芯片实现架构如图3.24所示。

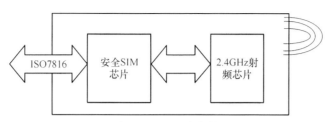

图 3.24 双芯片架构

在三芯片实现架构中安全芯片的作用是实现非接触通道安全控制,与 SIM 卡芯片之间进行数据通信,连接 2.4 GHz 射频模块,并且可以实现电子钱包和其他的增值支付扩展应用功能。SIM 芯片的作用是实现传统移动通信应用(如存储数字移动电话客户资料和网络鉴权密钥)。2.4 GHz 芯片作为射频通信通道,是实现手机一卡通各个子应用功能必备的器件,集成了频率综合器、功率放大器、调制和解调等模块。三芯片实现架构如图 3.25 所示。

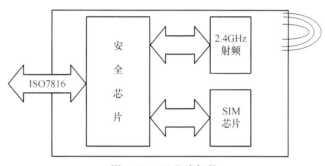

图 3.25 三芯片架构

四、移动支付系统方案

手机移动支付可以使运营商实现"后台金融"——"远程线上支付"——"手机刷卡线下支付"的一体化战略。对其他单位和机构来说,则可以以极低的成本实现一卡通,用户通过自己的手机就可实现的消费、门禁出入、考勤、停车场出入等操作,享受到极大的便利。以手机 SIMPASS/RF-SIM 移动支付技术为例,目前的核心应用集中在以下几个方面:

- 支付——完成餐饮、商店等的消费功能;
- 身份认证——完成身份识别、考勤、门禁、图书借阅等身份认证功能;
- 电子票证——完成演出(演讲)门票、展览门票的发放和验票功能。

利用 SIMPASS/RF-SIM 移动支付技术,用户只需更换手机 SIM 卡,无须换号即可实现手机刷卡、空中开户、空中充值等。SIMPASS 可实现短距离通信,RF-SIM 还可以实现长、中、短距离混合应用,双向通信距离 10~500 厘米,既可以实现消费、门禁、考勤等短距离应用,也可以实现停车场远距离(1 米以上)刷卡应用;同时,具备金融级交易安全,符合 PBOC 2.0 以及 EMV 电子信用卡的规范要求,支持空中开卡和充值。一个典型的移动支付系统方案如图 3.26 所示。

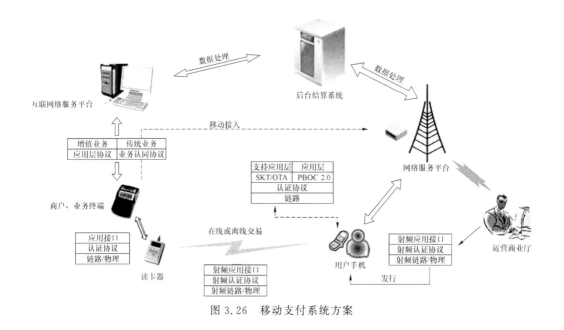

图 3.26 移动支付系统方案

第六节 基于生物识别的支付新技术

一、虹膜支付技术

虹膜识别系统一般是运用虹膜图像采集仪器对图像进行采集,再从原始图像中分割出虹膜,接着对其进行归一化,从而排除在获取虹膜图像的过程中由于旋转与尺度变化所产生的负面影响,然后增强图像,从而避免光照对虹膜识别所产生的负面影响,接着通过各种提取特征的技术来提取虹膜图像的特征,再编码所提取的虹膜特征,并将其保存至特征数据库中,通过模式识别技术来匹配。

因为虹膜识别技术是一项针对实际高安全需求的应用技术,当虹膜识别技术出现发展后,相应的应用系统也得到了发展。迄今为止,所有商用虹膜识别系统的理论基础就是 J. Daugan 的虹膜识别算法,美国的 IRIS Scan & Sensor 公司、Ever Media 等公司均基于 Daugan 算法进行了一定程度的改进而研制开发出了虹膜识别产品。Daugan 算法所具有的优势在于其识别率非常高,然而因为通过微积分算子来定位虹膜,故而增加了处理图像的时间,对产品的使用程度产生了很大的负面影响。

二、人脸支付技术

当使用人脸识别技术的时候,首先要用摄像头或数码相机对测试样本拍照并放在人脸图像数据库中,然后根据样本数据,对人脸图像进行一系列预处理,再提取其特有的数据值,最后把得到的最终数据值与数据库中原有的人脸图像数据值进行比较,然后根据分类识别算法分类,达到人脸识别的目的。

目前,在军队、银行、政府、社会福利保障、安全防务、电子商务等领域生物识别技术已被广泛地应用。例如:

(1)在住宅的安全与企业的安全管理方面的应用。通过面部识别技术开发的防盗门与门禁系统等。

(2)在身份证、护照等方面的应用。以后生物识别技术会在这些领域得到更加广泛的应用,国际民航组织规定,2010年后全部成员国家与地区均要采用计算机读取的护照,这是面部识别技术的一次广泛应用。我国电子护照计划正在起草,相信会在不久的将来得以实施。

(3)在司法、刑侦等领域的应用。例如将面部识别技术应用于互联网,在全国范围开展抓捕活动。

(4)在自助服务方面的应用。例如自动取款机,如果应用人脸识别技术就可以避免用户银行卡和密码被盗,也可以避免被他人冒取现金。

(5)在信息安全方面的应用。例如将面部识别技术应用于电子商务、电子政务等领域。在互联网络上运用第三方支付业务来实现交易支付,另外在电子政务方面通过互联网络也能实现大量的审批流程。然而截至目前,密码作为进行交易与审批授权的唯一一种方法,若账号密码被盗取,便不能确保交易的安全与审批的安全。然而若运用生物识别技术,便能保证交易双方身份和互联网络上的数字身份一致,如此一来能在很大程度上提高电子商务系统、电子政务系统的准确性和可靠性。

三、指纹支付技术

指纹识别技术是生物识别技术当中比较成熟和安全的。首先通过指纹采集设备采集到人体指纹的图像,然后该原始数据进行初步的处理。其次是利用其需要的软件来建立指纹的特征数据,这是一种单方面的数据转换,即只能把指纹数据转换成特征数据,但是特征数据不能转换为指纹数据,同时指纹和特征数据相结合不能转换成相同的数据。然后在软件上找到我们需要的数据点,也就是指纹分叉和终止的坐标位置。这样在手指上的 70 个节点就能够产生大约 490 个数据了。最后把其数据存储在计算机中,利用处理前后的两个模板进行比对,然后看其是否匹配,不匹配则验证失败。

使用指纹识别技术的范围是很广泛的,例如:

(1)指纹支付:将指纹绑定于银行卡,通过指纹进行消费支付,早在几年以前美国已经运用了该支付方式,2000 年我国上海一家企业也逐渐开始了指纹支付业务。

(2)指纹 IC 卡:目前大多数人用的 IC 大都是不记名的,即使是记名也是用密码,但是很多人又会很容易地忘记自己的 IC 卡密码,因此随着 IC 卡在人们生活中越来越流行,我们将持卡人指纹信息存入 IC 卡中,可以大大提高 IC 卡的安全性,也可以避免因为忘记密码而难以使用 IC 卡。

（3）指纹UKEY：指纹UKEY主要应用于网上银行的身份验证，与如今的密码验证、UKEY验证等相比，指纹UKEY的安全性更高。同时指纹UKEY也不需密码或者PIN，如此一来可以防止病毒软件的入侵，也避免了账号被盗问题的出现。指纹UKEY在很大程度上增加了网上银行的可靠性与安全性，为网上交易量的不断提高提供了良好的利用条件。

（4）网络交易：对于传统购物方式而言，电子商务受到年轻人的热捧。如今，第三方电子支付业务如火如荼，传统的网上交易需要账号密码，若账号密码被盗，用户就不能正常进行购物，甚至造成较为严重的问题。出于降低信用卡倒刷卡问题与欺诈问题出现的目的，指纹识别技术在第三方电子支付业务得到了应用。

本章小结

本章主要介绍了第三方支付平台架构、核心业务模块的设计、安全保障等关键技术，以及不断出现的移动支付、生物识别支付等新技术。有了强大的技术支持，第三方支付平台才能更好更快地发展，才能为用户提供更为安全有保障的服务。

第四章　第三方支付的管理

第一节　第三方支付的实名管理

一、电子账户实名制背景

自电子商务诞生以来,为了促成交易并实现交易记账功能,2005年以支付宝为代表的第三方支付机构引入了电子账户的概念。10年时间,电子账户注册账户规模、市场交易规模屡创新高,据前瞻产业研究院发布的《2015—2020年中国第三方支付产业市场前瞻与投资战略规划分析报告》显示,自2009年以来,第三方支付市场的交易规模保持50%以上的年均增速迅速扩大,并在2013年成功突破17万亿元的基础,达到17.2万亿元,同比增长38.71%。2014年起,国内银行为了参与与第三方支付机构的竞争,又出现了发展直销银行的浪潮,进一步推动了电子账户在银行体系的使用和发展。

电子账户主要定位于纯粹的线上操作,在电子账户诞生之初,开户只需填写注册名和密码即可,并不需要进行身份实名认证。然而随着电子商务的快速发展和普及,部分电子账户的功能已经接近或等同于线下账户的线上功能,电子账户带来的洗钱风险和法律风险随之突增,为公款私存、藏匿资金、洗钱诈骗等违法犯罪活动提供了便利条件。2000年之后,国家陆续出台了《个人存款账户实名制规定》《人民币银行结算账户管理办法》《金融机构客户身份识别和客户身份资料及交易记录保存管理办法》等法律制度,要求金融机构和第三方支付机构开立的账户必须要完成身份识别。这样原有的通过线上的非面对面方式审核开立的电子账户,就成为未实名账户或弱实名账户。未实名账户(或称匿名账户)是指在账户开立时没有进行任何身份识别,仅仅凭注册名而开立的账户。弱实名电子账户是指支付服务组织在向客户提供账户服务时,未充分识别客户的身份信息,导致在账户使用过程中无法可靠确认账户实际使用人的真实身份,并可能在回溯资金流动的过程中发现假名、匿名账户节点的账户属性。

落实电子账户实名制的意义主要体现在以下三个方面。

1. 有利于保障账户持有人的利益

在非实名条件下,账户持有人可以按照本人的意愿随意注册用户名和密码。从表面上看,由于用户名和密码只有账户持有人自己掌握,所以能够发挥保障资金安全的作用。

但实际上,由于不具有对应的身份证件,一旦发生密码遗忘、资金被盗等情况,账户持有人就很难通过提供有效的合法证件来证明其账户的归属权,难以保障自身的利益。而在实名制条件下,客户信息录入的是经过验证的真实有效的姓名、证件号、手机号等,所以即便忘记密码或者账户被盗等情况下,账户持有人仍然可以凭借其有效身份证件来证明其电子账户的归属权。

2. 有利于打击各类违法犯罪行为

未实名电子账户和弱实名电子账户,无法确定资金的具体流向和归属,无法对洗钱、诈骗、贪污受贿进行追查,为违法犯罪活动提供了便利条件。采用实名制电子账户,对每一笔交易都可以查清楚资金归属、资金流向、交易明细等,可以有效追踪资金来龙去脉,客观上形成了对犯罪行为的震慑作用。

3. 有利于提高支付机构内控管理水平,降低经营风险

实名制电子账户在发生了忘记密码、账户资金被盗的情况下,可以通过身份信息索回账户,并对盗取的资金进行追查。有利于支付机构提高自身的管理水平,降低经营风险。

电子账户的弱实名问题一直受到监管部门与传统支付服务组织的关注和诟病,为了提高账户的实名属性,相关支付服务组织不断通过技术和流程创新来增强对开户申请人身份信息真实性的审查,并不断争取监管部门的认可。现阶段看,电子账户的实名属性正在不断增强,2014年3月18日,央行界定了强实名账户和弱实名账户,之后不久,央行要求2016年7月1日之后支付机构开立的电子账户必须是强实名账户。对存量支付账户开展支付账户持有人身份信息真实性核实工作,对在用的第三方支付账户开展账户持有人身份信息真实性核实工作,对于符合实名制要求的,可以继续业务办理;对于不符合实名制要求的,限制其部分甚至全部业务办理,督促支付账户持有人积极办理身份核实工作。

二、实名认证的方式或渠道

支付服务组织对于开户申请人的实名认证存在多种方式,可以通过以下多种方式或渠道进行:通过证件进行实名认证(主要是身份证)、亲自见到开户人、见到开户人手持身份证的影像、通过电话号码进行认证、通过银行卡认证、通过手机号认证、通过邮箱等进行认证,下面就对这些实名方式一一进行说明。

1. 亲自见到本人,即面对面进行身份认证

这是最传统的身份认证方式,即亲自见到开户申请人,并将开户人的身份证件与本人建立起可靠的对应关系。

2. 通过身份证进行实名认证

2007年6月,中国人民银行会同公安部建成运行了联网核查公民身份信息系统(以下简称联网核查系统),连接了全国17万个银行机构网点。银行机构履行客户身份识别义务,按照法律、行政法规或部门规章的规定需要核对相关自然人居民身份证的,可通过该系统核查相关个人的姓名、公民身份证号码、照片信息,从而方便、快捷地验证客户出示的居民身份证件的真实性。联网核查的基本方法是,银行机构在为客户办理业务时,向联网核查系统提交相关个人的姓名和公民身份证号码。当系统核对一致时,反馈核对一致的提示以及相关个人的身份证照片;当公民身份证号码存在但与姓名不匹配或者公民身份证号码不存在时,系统进行相应的提示。

经进一步核实后,如果能够确切判断或者经核实后确认客户出示的居民身份证件为虚假身份证件,则应拒绝为该客户办理相关业务;其中,对于客户以虚假身份证件骗取开立账户或办理其他银行业务的,还应及时向当地公安机关报案。

如果客户出示的居民身份证件为真实证件的,则应当按照有关规定继续为客户办理业务。

3. 通过绑定银行卡进行实名认证

开立账户时无法做到面对面身份认证,可以通过核查开户申请人对已在合作支付服务组织开立的实名制账户的控制能力,将合作支付服务组织的实名认证结果迁移至本机构的身份认证方式。原则上,合作支付服务组织的实名认证方式应当符合法律制度明示的要求。

核查开户申请人对在合作支付服务组织开立的实名制账户的控制能力,有两种实现方式:一是主动审查,例如拟开户支付服务组织向已开立实名账户汇入随机金额的资金,由开户申请人提供相关交易金额,或者要求开户申请人通过已开立实名账户向未激活的拟开立账户汇入资金;二是被动审查,即拟开户支付服务组织将开户申请人引导至已开立实名账户的开户组织界面,由该开户组织通过预留认证方式核实账户持有人身份后将结果反馈拟开户支付服务组织,拟开户支付服务组织据此产生核查结果。

4. 通过电话号码进行实名认证

开立账户时,支付机构或银行向用户登记的手机发送短信验证码,通常验证码的有效时间为60秒,用户收到短信验证码之后,填入网站对应地方,填写正确则验证通过。

利用手机号码来验证用户身份,不但可以保证用户的真实性,还可以利用手机号找回密码、网银获取动态密码等用途。此外,还可以将图形校验码和手机验证码进行绑定,降低恶意注册和垃圾注册。

5. 通过邮箱进行实名认证

开立账户时,支付机构或银行向用户登记的邮箱发送验证邮件,用户收到验证邮件之后,点击里面的链接,跳转到相关网站上完成邮箱验证或激活注册用户。

利用邮箱来验证用户身份,不但可以保证用户的真实性,还可以利用邮箱找回密码。

6. 通过动态口令机制实现身份认证

使用动态口令机制实现身份认证,用户可以用随机口令进行登录,能够解决现存的信息安全系统中身份识别与认证方面的问题,确保各类资源的安全。动态口令身份认证系统属于信息安全领域中的身份识别软件,是基于密钥和时间双重因素的身份认证系统。该系统动态口令的有效使用期限和有效使用次数可以进行严格的控制,且口令不容易被截获和攻击的特点,为用户提供了一种安全性较高的身份认证机制。

7. 通过其他方式实现实名认证

通过税务、工商、教育机构、户籍、居委会等能证明申请人身份的机构,验证申请人的身份。

三、实名认证的分类

上述多种实名认证方式总体上可分为直接认证模式和间接认证模式。下面将分别阐述每一种模式的定义和基本要件及实名认证的基本原理。

1. 直接认证模式

直接认证模式是指支付服务组织通过面对面方式直接审核开户申请人本人身份的认证方式。该模式由三个基本要件构成:

(1) 亲自见到开户申请人;
(2) 鉴别开户申请人身份证件的真伪;
(3) 在开户申请人本身和其身份证件之间建立可靠的连接关系。

除基本要件外,支付服务组织还可附加其他审核要求,例如通过公开或专用数据库核实开户申请表中的信息是否与历史信息一致,又例如账户开立后的回访措施。但附加的审核要求只是为了控制基本要件审核不当产生的风险,而不是基本要件的组成部分,不是必须实施的审核措施。

当前,以物理网点为开户服务渠道的银行业金融机构主要使用直接认证模式,并基本实现了对基本要件的审核要求。而能够以面对面方式直接认证的非银行支付机构几乎没有,通常都采用间接认证模式。

2. 间接认证模式

间接认证模式是指支付服务组织与其他支付服务组织合作,通过核查开户申请人对已在合作支付服务组织开立的实名制账户的控制能力,将合作支付服务组织的实名认证结果迁移至本机构的身份认证方式。原则上,合作支付服务组织的实名认证方式应当符合法律制度明示的要求。该模式由三个基本要件构成:

(1) 登记开户申请人的身份证件信息或者审核身份证件的影像件;
(2) 与合作支付服务组织比对开户申请人登记的身份信息;
(3) 核查开户申请人对在合作支付服务组织开立的实名制账户的控制能力。

通过支付机构向拟开立电子账户汇入一个随机金额,或者通过账户申请人存入小额资金激活账户,来验证申请人对账户的控制能力。

四、当前电子账户实名认证中存在的问题

1. 电子账户实名制和风险管理缺少统一标准

电子账户从产生到发展壮大已经历经 10 年,但监管部门或者行业组织一直未形成开立电子账户的实名制标准和对应的风险管理标准,造成当前不同支付服务组织在提供电

子账户服务时采取了不同的实名认证方式和风险管理措施,妨碍了公平竞争、完整统一的市场环境的建立,不利于支付服务市场和金融体系的合规、有序运行。

2. 行业普遍采用间接认证模式

从便于拓展客户、增强客户开户体验的角度,当前提供电子账户服务的支付服务组织大都使用间接认证模式,而且部分支付服务组织甚至不具备自营或合作的物理网点,导致间接认证模式是唯一可操作的开户模式。所以使用该认证方式开立的电子账户普遍存在实名制控制不严的问题,将可能产生相关资金交易追溯链条断裂的后果,成为洗钱、电信诈骗等违法犯罪活动的"温床"。

3. 未根据实名等级采取有效的风险管理措施

由于通过间接认证方式识别客户身份具有相对弱实名属性,在分层次实名认证风险管理措施部分已经提出,使用该认证方式的支付服务组织应当采取针对性的措施来控制潜在的风险,主要手段包括额度管理、用途管理和流向管理。但目前,大部分提供电子账户的支付服务组织并未采取必要和有效的风险管理措施,除关联银行卡的发卡行设立的外部限制外,支付服务组织一般不设定资金划转限额和用途限制。

账户实名等级和风险管理措施的不匹配,将赋予弱实名账户部分或全部强实名账户才能具备的功能,既不利于支付服务组织自身业务的风险控制,又抑制了电子账户从弱实名账户向强实名账户发展的市场动力,而且对提供强实名账户的支付服务组织带来了一定冲击,形成不公平竞争的市场环境。

五、监管部门完善电子账户实名制、推动市场健康有序发展

1. 央行已建立统一的电子账户实名制和风险管理标准

近几年,监管部门一直在推动电子账户实名制和风险管理标准。一是针对支付机构支付账户规模使用的现状,中国人民银行于2012年和2014年对《支付机构网络支付业务管理办法》进行了征求,该办法提出了支付账户实名制的基本要求和限额管理的监管思路。二是在直销银行进入实质推动阶段后,于2014年对《关于规范银行业金融机构开立个人人民币电子账户的通知》(讨论稿)进行了内部征求,该通知首次提出了弱实名账户的概念并要求对资金用途和流向进行监管。央行界定了强实名电子账户和弱实名电子账户。央行根据核实程度的不同,将个人电子账户分为弱实名和强实名电子账户。对于未在银行柜台与个人面对面认证开立的电子账户,界定为弱实名电子账户,功能仅能购买理财产品,资金进出只能通过绑定的银行结算账户。而对于银行与其他银行合作进行了身份认证,或通过柜台认证,以及电子账户和绑定银行结算账户的开户行为同一银行的,为强实名电子账户。银行要为该类账户设定业务种类、支付、结算限额等管理要求。之后,2015年12月25日,中国人民银行发布《中国人民银行关于改进个人银行账户服务加强账户管理的通知》(以下简称《通知》),首次规范了电子账户的分类和各类账户可以完成的操作。

2. 建立电子账户实名分类管理机制

当前大部分电子账户具有专用账户的属性,其功能和限制措施因不同使用场景而有所区别,从平衡电子账户便利性和实名要求的角度,不宜对所有电子账户采取统一的实名认证要求,避免伤害或者纵容电子账户的发展。从尊重事实、强化管理的角度出发,2015年12月25日中国人民银行发布的《通知》,建立了电子账户实名分类管理机制,在延续当前间接认证方式的基础上,结合电子账户发展需求引导支付服务组织提升电子账户的实名认证等级,并对定位于弱实名的电子账户采取有效管理措施。

《通知》要求:在现有个人银行账户基础上,增加银行账户种类,将个人银行账户分为Ⅰ类银行账户、Ⅱ类银行账户和Ⅲ类银行账户(以下分别简称Ⅰ类户、Ⅱ类户和Ⅲ类户)。银行可通过Ⅰ类账户为存款人提供存款、购买投资理财产品等金融产品、转账、消费和缴费支付、支取现金等服务。银行可通过Ⅱ类账户为存款人提供存款、购买投资理财产品等金融产品、限定金额的消费和缴费支付等服务。银行可通过Ⅲ类账户为存款人提供限定金额的消费和缴费支付服务。银行不得通过Ⅱ类账户和Ⅲ类账户为存款人提供存取现金服务,不得为Ⅱ类户和Ⅲ类户发放实体介质。具体如表4.1所示。

表4.1 个人银行账户分类(2016年4月1日执行)

账户类别	账户功能	账户限额	办理方法
Ⅰ类账户	全功能	不限制	柜台当面办理,有实体介质
Ⅱ类账户	直销银行,网上理财产品,不得存取现金,账户的资金只能来自Ⅰ类账户	单日支付额度在1万元以内,但购买理财产品的额度不限	以非面对面方式办理,无实体介质
Ⅲ类账户	主要用于快捷支付,比如"闪付""免密支付"等,不得存取现金,账户的资金只能来自Ⅰ类账户	限定金额的消费和缴费支付等服务,余额限定1 000元以内	以非面对面方式办理,无实体介质

当使用主体是企事业单位时,应当使用完整的直接认证模式来强化实名认证要求;当使用主体是自然人时,应当根据使用场景不同,分别提供弱实名或强实名电子账户并配套相应的账户管理措施,例如小额交易、过账交易可以使用Ⅲ类实名电子账户,而超过一定金额的电子商务交易、所有资金转账行为应当使用Ⅱ类实名电子账户或Ⅰ类实名电子账户。

当发生弱实名电子账户在使用过程中触及强实名账户条件或者通过后台监测发现账户使用可疑等情况时,支付服务组织应当及时采取实名认证升级措施,无法达到认证要求的应禁止电子账户的跨级使用。

3. 通过多种间接认证方式实现电子账户的强实名要求

从电子账户的基本属性出发,其所有功能包括开户操作均应遵守便捷、简单原则,所以不在物理网点办理的远程开户一定是电子账户发展的方向,但当前远程开户的实现方式又与部分电子账户强实名要求产生了冲突。在间接认证方式理论上无法到达强实名认证要求的情况下,发展混合认证方式是现阶段最可行的方案,而且随着人脸识别技术的成熟,混合认证方式的可靠性将不断增强,最终有可能达到与直接认证模式等同的实名认证等级。

建议监管部门在制定电子账户实名制政策时,在充分论证混合认证方式可靠性的前提下,认可该认证模式的强实名或准强实名属性,减少对此类电子账户的限制性措施。

4. 整合社会物理网点资源,拓展电子账户实名认证渠道

在特定的监管和风控要求下,部分电子账户仍须通过完整直接认证方式来核实身份信息。除少部分大型银行外,大多数支付服务组织的物理网点资源是不充足甚至完全缺失的。

借鉴德国直销银行利用当地邮政渠道来实现开户实名认证的做法,有关支付服务组织可以与物理网点资源丰富的其他支付服务组织或者社会组织进行合作,利用第三方的物理网点和人员履行当面身份审核与面签的职责。

当然,资源的共享使用应当通过价格机制进行平衡,使得资源使用方不会滥用合作机构的资源,而资源出借方可以通过收费来转移物理网点的建设成本,以此促进市场的公平、有序竞争。

5. 通过新型技术的推广应用,实现远程的完整直接认证

直接认证方式的难点在于身份证件真伪的审核,以及本人和身份证件之间关联关系的审核。

随着指纹等生物识别技术的推广应用,相关问题将迎刃而解。自2013年起,公安部门将自然人的指纹信息采集和存储至身份证芯片,随着此项工作的深入推进,未来所有身份证件都将嵌入指纹信息,这为远程识别身份证件真伪并建立与持证人的关联关系打下了技术基础。届时,一旦身份证件识别设备在手机等家庭设备上得到普及,结合配套的信息化管理技术,所有审核都将通过认证的软硬件实施,欺诈的可能性将降到最低。

未来,弱实名电子账户将逐步退出历史舞台,账户和身份自然地具有强实名绑定关系。

第二节 第三方支付账户的分类与管理

一、第三方支付平台的账户体系的发展

第三方支付从无到有发展到现在,其账务体系经历了三大阶段。

早期支付公司的商户通过在线支付收取货款后,向支付公司发起结算时,支付公司根据数据库中交易流水关联的商户号查找到所有该商户的未结算资金明细,汇总无误后将资金结算给商户。在这个过程中,支付公司将清分和结算两个动作放到一个事物中先后

进行。这个阶段称之为清分结算一体阶段。

后来,随着支付公司商户的急剧增多以及交易量的暴涨,假如每次商户发起提现,支付公司的清结算部门都一条一条数据汇总轧张后进行出款,不仅员工叫苦连天,效率也十分低下,服务很差。后来,针对每个商户开立一个虚拟账户,每次交易完成后就在商户的账户上进行余额的加减,这样每次商户发起提现时清算人员只要看一眼商户的账户余额就可以进行出款,然后把商户的余额给调账就可以了。这个阶段称之为虚拟账户阶段。

再后来,经过实践发现这种单式记账法进行记账,不但经常丢数据,而且追查起来还非常困难。于是银行金融体系的基于系统科目的记账方案被引入到第三方记账体系中,由此进入当前阶段——基于会计核算体系的账务阶段。

第三方支付平台拥有自己的一套客户或账户体系,这个体系用于记录各个客户的基本信息、账户信息或账务信息。其中基本信息包括客户的实名认证信息、联系方式等,账户信息是较为重要的信息,比如账户的资金或余额。

第三方支付平台的账户或账户体系与会计学原理是一样的,一般都采用单式记账法、复式记账法,再结合交易订单处理,如此就能建立一个简单的账户或账务系统。同时第三方支付平台的账户体系还涉及商户或客户模型,有助于满足以客户为中心的需求。但不管第三方支付平台账户体系如何,都只是记录每一个客户或商户账户资金等虚拟的信息,真正的资金或信息存在银行账户内。

第三方支付体系自有账户类似于银行账户,有对公账户和对私账户,第三方支付公司也有针对商户的B账户和针对个人的C账户。个人账户又称C账户,C账户比较简单,个人可以进行消费、充值、体现等操作;而商户账户又称B账户,由于涉及结算和提现等操作,按照不同的资金类别设置不同账户的设计原则,商户账户一个商户号其实对应两个账户:商户B账户和商户C账户,商户B账户是商户结算账户,用于交易的收款等,商户本身无法直接操作,是第三方支付进行结算的账户;而商户C账户则是商户可以直接进行操作的账户,如可以进行提现、充值和支付等。

值得注意的是,第三方支付自有账户体系是独立于第三方支付在银行申请的账户的,是自有的账户体系,完成资金在第三方支付体系的闭环和结算等,这个自有账户体系内部的清结算不受外部监管。

二、第三方支付的个人支付账户的分类

2015年12月28日,央行发布《非银行支付机构网络支付业务管理办法》,自2016年7月1日起根据实名认证开户的落实情况,从功能和限额方面将账户分为Ⅰ、Ⅱ、Ⅲ三类账户。

只有一个外部渠道验证身份的为Ⅰ类,消费和转账的余额付款限额为自开立起累计1 000元;自主或委托现场开户,或以线上开户方式且至少三个或五个外部渠道验证身份

的则为Ⅱ类和Ⅲ类,消费和转账的余额付款限额分别为年累计10万元、20万元。而实名验证强度最高的Ⅲ类账户除了消费、转账,还具有投资理财功能。

此外,依据监管部门对支付机构的综合评级和达到实名制的支付账户比例将支付机构再细分为三类,不同类别的支付机构在监管要求上有着梯度差异。如综合评定A类且实名制落实较好的机构支付账户余额付款单日限额可以提高到10 000元,综合评定B类且实名制落实较好的机构是7 500元,而综合评定为C类或实名制落实未达标的支付机构则严格执行5 000元的交易限额措施,如表4.2所示。

表4.2 第三方支付的个人支付账户的分类(2016年7月1日执行)

账户类别	分类标准	余额付款功能	余额付款限额
Ⅰ类账户	非面对面实名认证,并通过至少一个外部渠道核实身份	消费、转账、提现	自账户开立起累计不超过1 000元(包括支付账户向客户本人同名银行账户转账)
Ⅱ类账户	面对面实名认证;或非面对面实名认证,并通过至少三个外部渠道核实身份	消费、转账、提现	年累计不超过10万元(不包括支付账户向客户本人同名银行账户转账)
Ⅲ类账户	面对面实名认证;或非面对面实名认证,并通过至少五个外部渠道核实身份	消费、转账、提现、购买理财	年累计不超过20万元(不包括支付账户向客户本人同名银行账户转账)

以微信红包为例,微信用户没有进行实名认证的,可正常收取红包,但若需要对外发红包,需要进行身份核实;开通Ⅰ类支付账户,可以方便发放累计不超过1 000元的红包。如果发放更大额的红包,可以进行支付账户的升级,同时选择等级高的支付机构在单日限额和年度限额内发放;如果单日超过10 000元的或年度累计超过20万元,可以使用快捷支付从银行卡直接转钱进行组合支付,满足大额红包的支付需求。

从个人角度来说,限速是为了保护人们的生命安全,限额是为了保护人们的资金安全。而从金融稳定上看,坚持支付账户实名制底线,要求支付机构遵循"了解你的客户"原则,建立健全客户身份识别机制,切实落实反洗钱、反恐怖融资的要求,防范和遏制违法犯罪活动。

三、支付账户与银行账户的不同

2015年12月25日和12月28日,央行连续出台了《关于改进个人银行账户服务加强账户管理的通知》和《非银行支付机构网络支付业务管理办法》,这两个管理规范都要求支付账户进行分类,同样是分三类,银行与第三方支付的差别很大。其主要区别如下:

1. 账户开户及实名认证的方式不同

账户开户及实名认证的方式不同如表4.3所示。

表 4.3 账户开户及实名认证的方式不同

账户类别	银行账户开户			第三方支付账户开户
Ⅰ类账户	通过柜台面对面提交开户申请	通过远程视频柜员机和智能柜员机等自助机具受理银行账户开户申请,银行工作人员现场核验开户申请人身份信息的		非面对面实名认证,并通过至少一个外部渠道核实身份
Ⅱ类账户		通过远程视频柜员机和智能柜员机等自助机具受理银行账户开户申请,银行工作人员未到现场核验开户申请人身份信息的	面对面实名认证;或非面对面实名认证,并通过至少三个外部渠道核实身份	面对面实名认证;或非面对面实名认证,并通过至少三个外部渠道核实身份
Ⅲ类账户				面对面实名认证;或非面对面实名认证,并通过至少五个外部渠道核实身份

可以看出,要想达到银行功能最全的账户(Ⅰ类),和我们之前通过银行柜面提交开户申请一样就行了,当然通过自助机具提交银行账户开户申请,银行工作人员现场核验身份信息也行。而想要开功能最全的第三方支付账户(Ⅲ类账户),需要通过五个外部渠道进行身份验证,要求更严格一些。

2. 账户功能和限额不同

银行Ⅰ类账户没有限额,Ⅱ类、Ⅲ类只说有限额,但并没有给出具体规定,如表 4.4 所示。

表 4.4 银行账户功能和限额

银行账户类别	账户功能和限额
Ⅰ类账户	为存款人提供存款、购买投资理财产品等金融产品、转账、消费和缴费支付、支取现金等服务
Ⅱ类账户	为存款人提供存款、购买投资理财产品等金融产品、限定金额的消费和缴费支付等服务;不得为存款人提供存取现金服务,发放实体介质
Ⅲ类账户	为存款人提供限定金额的消费和缴费支付服务;不得为存款人提供存取现金服务,发放实体介质

第三方支付在限额方面就要更明确和严格一些,Ⅰ类账户总共限额 1 000 元,Ⅱ类限额为每年 10 万元,Ⅲ类每年 20 万元,如表 4.5 所示。

表 4.5 第三方支付账户功能和限额

第三方支付账户类别	账户功能和限额
Ⅰ类账户	账户余额仅可用于消费和转账,余额付款交易自账户开立起累计不超过 1 000 元(包括支付账户向客户本人同名银行账户转账)
Ⅱ类账户	账户余额仅可用于消费和转账,其所有支付账户的余额付款交易年累计不超过 10 万元(不包括支付账户向客户本人同名银行账户转账)
Ⅲ类账户	账户余额可以用于消费、转账以及购买投资理财等金融类产品,其所有支付账户的余额付款交易年累计不超过 20 万元(不包括支付账户向客户本人同名银行账户转账)

需要注意的是,这里的限额是限制余额付款交易额度,Ⅰ类包括支付账户向客户本人同名银行账户转账,而Ⅱ类、Ⅲ类不包括。也就是说,如果某人开了个Ⅰ类账户,那么也就是体验一些1 000元以内的转账和支付,然后这个账户就没什么用了,如果想要继续使用这个账户,就必须通过更多的外部渠道验证身份,把它提升至Ⅱ类、Ⅲ类账户,而后两者虽然每年有限额,但是限制的是余额交易,把余额转入自己的银行卡的金额不算在额度内,转多少都可以。

第三节 第三方支付的客户备付金管理

2013年6月7日,中国人民银行发布《支付机构客户备付金存管办法》(以下简称《办法》)。该《办法》明确规定了客户备付金归属、存管及使用三个方面的问题。该《办法》旨在保护客户的合法利益,同时平衡服务与效率之间的关系。

一、沉淀资金的利息归支付机构获得

在央行已颁布的《非金融机构支付服务管理办法》和《非金融机构支付服务管理办法实施细则(征求意见稿)》中,虽然明确了备付金属于客户所有,不得挪用,但均没有规定备付金利息的归属。

而此次的征求意见稿中明确规定指出"支付机构可将计提风险准备金后的备付金银行账户利息余额划转至其自有资金账户",而这也是监管部门首次明确了沉淀资金的利息归支付机构支配。而按照"支付机构计提的风险准备金不得低于其备付金银行账户利息所得的10%"这一规定来计算,支付机构可以获得最多90%的利息收入。

在《办法》中,备付金银行可根据客户备付金的监管要求,为支付机构建立专门的客户备付金存管系统,建立系统的,由支付机构所在地央行分支机构评估,报中国人民银行对其风险计提比例另行核准,这意味着公司有可能获得高于90%的备付金利息。

此外,根据《办法》在以活期存款形式存放的客户备付金足够满足日常支付业务需要后,其他备付金可以"以活期存款、单位定期存款、单位通知存款、协定存款或经央行批准的其他形式"存放,但"期限不得超过3个月",按照现在规定定期3个月存款利息为3.1%,活期利率为0.5%,这意味着选择定期存放将获得6倍多的沉淀资金。

二、备付金银行资质

在《办法》中对备付金银行的条件进行了较为严格的限定,"取得证券投资基金托管资格,或总资产超过2 000亿元人民币"成为备付金银行的必要条件。分析可知,备付金存管业务将带来一定的沉淀资金为银行所用,且并不占用经济资本;另外又可为银行带来一定的中间收入。而相对严格的资质限制,将使得大部分的城市商业银行失去参与的机会。

三、备付金存管银行和备付金合作银行的区别

在《办法》中对备付金银行进行了较为明确的划分:备付金存管银行和备付金合作银行。备付金存管银行负责客户备付金的集中存放、复核、归集、划转等监督职责;备付金合作银行主要负责客户备付金的存放、定向划转、行内划转、信息报送等监督职责。备付金银行的设立一方面方便了支付企业就近归集客户的备付资金;另一方面也使得具体的监督职责在操作层面得到进一步明确和落实。

备付金存管银行与备付金合作银行的具体区别如表4.6所示。

表4.6 备付金存管银行与备付金合作银行的区别

	数量	职能	账户区别	终止处理
备付金存管银行	唯一	客户备付金的集中存放、复核、归集、划转等监督职责;备付金主存管行(备付金存管行的一个分支机构)履行具体监督职责	收付账户	全额资金划转至新的备付金存管银行
备付金合作银行	不唯一	客户备付金的存放、定向划转、行内划转、信息报送;备付金主合作行(备付金合作行的一个分支机构)履行具体监督职责	收付账户 汇缴账户	全额资金划转至备付金存管银行

四、备付金银行账户

根据《办法》中的相关条款,客户备付金账户主要分为备付金专用账户和其他备付金账户,其中备付金专用账户又分为备付金收付账户和备付金汇缴账户。支付机构以活期存款形式存放的客户备付金,存放在备付金专用存款账户。其他的存款形式包括:单位定期存款、单位通知存款、协定存款等。艾瑞咨询认为,灵活的账户设置将使得监管过程更加便捷和清晰,同时也便于支付机构根据资金结算周期灵活分配各种账户形式。

为规范非银行支付机构网络支付业务,防范支付风险,保护当事人合法权益,中国人民银行2015年12月28日发布《非银行支付机构网络支付业务管理办法》。该办法要求支付机构应当遵循主要服务电子商务发展和为社会提供小额、快捷、便民小微支付服务的宗旨,基于客户的银行账户或者按照本办法规定为客户开立支付账户提供网络支付服务。这里的支付账户,是指获得互联网支付业务许可的支付机构,根据客户的真实意愿为其开立的,用于记录预付交易资金余额、客户凭以发起支付指令、反映交易明细信息的电子簿记。明确要求:支付机构不得经营或者变相经营证券、保险、信贷、融资、理财、担保、信托、货币兑换、现金存取等业务。该办法就客户管理、业务管理、风险管理及客户权益保护、监督管理几方面进行了详细的说明。

第四节　第三方支付机构与银行竞合关系研究

一、第三方支付机构与商业银行业务重叠

第三方支付机构从事的支付业务主要是跨行的票据清算、银行卡跨行信息交换服务，相当于银行的后台业务。第三方支付机构与银行业务的交集主要在后台业务。

第三方支付机构充当的角色不只是"支付通道"的角色，主要表现在以下三个方面：

一是第三方支付机构除未拥有实体账户介质外，已形成相对独立、功能齐全的支付结算账户体系。支付宝、财付通和快钱等可以为个人客户提供信用卡免费跨行还款、转账汇款、手机充值、机票订购、生活缴费等多项支付服务；为企业客户提供大额收付款、多层级交易自动分账和一对多批量付款等各种资金结算产品。第三方支付的介入直接导致商业银行支付结算、转账汇款、理财代销等业务的分流和相关手续费收入的下降。

二是第三方支付企业不仅可以开展网上支付业务，获得相关业务牌照的机构还可以经营线下POS收单和预付卡发行业务。这意味着银行将不再独占线上加线下的支付通道，而要面对支付业务的"去银行化"，也就是银行其实可以"去支付化"。

三是从支付流程来看，在原有支付清算模式下，由于客户不能与中央银行直接建立联系，客户必须分别与每一家商业银行建立联系，支付清算的效率较低。第三方支付诞生以后，客户与第三方支付公司建立了联系，第三方支付公司代替客户与商业银行建立联系。这时，第三方支付公司成为客户与商业银行支付清算的对手方，第三方支付公司通过在不同银行开立的中间账户对大量交易资金实现轧差，少量的跨行支付则通过中央银行的支付清算系统来完成。第三方支付通过采用二次结算的方式，实现了大量小额交易在第三方支付公司的轧差后清算，在一定程度上承担了类似中央银行的支付清算功能，同时还能起到信用担保的作用。

二、银行近年来的一系列回应

从功能上来看，第三方支付只是一个"支付通道"，只是帮助用户实现资金转移支付的工具而已；尽管第三方支付的交易规模看上去很大，但因为收费标准普遍低于银行，所以实际的收益与商业银行相比，只是非常小的一个数字。然而，像支付宝这样大的支付机构已经扮演类似央行的清算职能，可以从事跨行的票据清算、银行卡跨行信息交换服务，相当于银行的后台服务。同时，很多第三方支付机构业务向信用担保、理财业务拓展。第三方机构借助交易平台获取了大量客户资料和交易行为信用记录，为数据服务和征信盈利提供了可能。目前，有多家大支付机构在积累的客户资源和数据资源的基础上，发展小额贷款、融资担保、网贷等业务等金融服务。

显然，第三方支付业务的创新性与灵活性已经引起了银行的重视。第三方支付企业同用户的距离更近，能够更清楚地获取用户需求，并且快速满足。因此，商业银行也采取

了积极的措施收复失地。

1. 网上支付跨行清算系统

为提高网上支付的跨行清算效率,提升商业银行网银服务水平,更好地履行中央银行的支付清算职责,中国人民银行决定建设网上支付跨行清算系统。网上支付跨行清算系统是中国人民银行继大、小额支付系统后建设的又一人民币跨行支付系统。系统将主要处理客户通过在线方式提交的零售业务,包括支付业务和跨行账户信息查询业务等。中央银行和各家银行的跨行清算不能做到 24 小时实时清算,中央银行的低效率显然不能满足支付体系的整体要求,于是,中国人民银行必须建立全国各银行各网点的实时清算系统,以应对形势的快速发展。

网上支付跨行清算系统是中国人民银行建设的人民币跨行支付清算基础设施,上线时间为 2010 年 8 月 30 日,是中国现代化支付系统的重要组成部分。网上支付跨行清算系统主要支持网上跨行零售业务的处理,业务指令逐笔发送、实时轧差、定时清算。客户可通过在线方式提交支付业务,并可实时获取业务处理结果。系统支持商业银行以及经中国人民银行批准的非金融支付服务机构接入,并向客户提供 7×24 小时全天候服务。业务处理采用实时传输及回应机制,客户在线发起业务后可以及时了解业务的最终处理结果。通过建设网上支付跨行清算系统,将有效地支持商业银行提升网上银行服务水平,并促进电子商务的快速发展。网上支付跨行清算系统具有以下业务功能:处理网银贷记业务、网银借记业务、第三方贷记业务、跨行账户信息查询业务。

而且,网上支付跨行清算系统为经央行批准获得支付业务许可证的非金融支付服务组织提供接入渠道,支持非金融支付服务组织通过灵活多样的方式为社会提供支付服务,能够更好地满足公众居家支付需求,也有利于电子商务的发展。据了解,目前,包括支付宝这样的非金融支付机构的运行模式为,依托在多家合作银行分别开立结算账户,代不同银行的客户完成跨行支付,经营成本较高,客户范围也受到限制。而当该类支付服务组织也被纳入系统之后,客户只需在任一家银行开立账户并开通网银支付功能,即可通过非金融支付服务组织发起支付业务。网上支付跨行清算系统支持的业务种类如表 4.7 所示。

表 4.7 网上支付跨行清算系统支持的业务种类

业务类型	业务种类
汇兑	汇款
投资理财	股票、基金、保险、彩票、黄金、债券、其他
网络购物	服装、饰品、家居、生活、食品、虚拟、机票、旅游、美容、数码、电器、文体、其他
商旅服务	机票、酒店、门票、演出票
缴费	电费、水暖费、煤气费、电话费、通信费、保险费、房屋管理费、代理服务费、学教费、有线电视费、企业管理费用、其他费用
慈善捐款	慈善捐款
贷款还款	房贷、车贷、信用卡、其他
预授权结算	预授权结算
交易退款	服装、饰品、家居、生活、食品、虚拟、机票、旅游、美容、数码、电器、文体、其他

2. 人民币跨境支付系统(CIPS)

2015年10月8日,人民币跨境支付系统(一期)成功上线运行。人民币跨境支付系统(CIPS)为境内外金融机构人民币跨境和离岸业务提供资金清算、结算服务,是重要的金融基础设施。该系统分两期建设,一期工程便利跨境人民币业务处理,支持跨境货物贸易和服务贸易结算、跨境直接投资、跨境融资和跨境个人汇款等业务。一期工程的主要功能特点包括:一是采用实时全额结算方式处理客户汇款和金融机构汇款业务;二是各直接参与者一点接入,集中清算业务,缩短清算路径,提高清算效率;三是采用国际通用ISO20022报文标准,便于参与者跨境业务直通处理;四是运行时间覆盖欧洲、亚洲、非洲、大洋洲等人民币业务主要时区;五是为境内直接参与者提供专线接入方式。目前共有19家中外资银行成为首批直接参与者,间接参与者包括位于亚洲、欧洲、大洋洲、非洲等地区的38家境内银行和138家境外银行。CIPS的建成运行是我国金融市场基础设施建设的又一里程碑事件,标志着人民币国内支付和国际支付统筹兼顾的现代化支付体系建设取得重要进展。

金融基础设施建设已成为我国国家战略的核心内容之一。早在党的十八届三中全会决定中,就指出要"加强金融基础设施建设,保障金融市场安全高效运行和整体稳定"。而习近平总书记在对《"十三五"规划(讨论稿)》的说明中,也着重提出要"统筹监管重要金融基础设施,包括重要的支付系统、清算机构、金融资产登记托管机构等,维护金融基础设施稳健高效运行"。

在开放条件下,跨境金融基础设施已成为我国顺利融入全球"金融舞台"的重要保障,CIPS的上线正是其中的重要突破,昭示我国的经济金融全球化进程将获得更加稳健的支撑。当然,CIPS开启了境内金融基础设施的"国际化时代",如何更好地使其服务于跨境金融市场的效率、稳定、安全与协调,既有挑战也有新的机遇。一方面,依托CIPS建设,有助于推动构造一个更好的"现代跨境支付清算生态体系"。结合系统技术的不断完善,跨境支付将从金融体系的"道路、桥梁和高速公路",逐渐成为"海运、空运乃至航天设施"。另一方面,CIPS也有可能成为开放环境下的完善货币政策与金融监管的重要载体。从而使监管部门更有效地引导和服务跨境金融资源流动,掌握与分析相关信息,及时疏导潜在金融风险的积累,优化政策传导机制和维护金融稳定。

3. 网银商城

各大网上银行纷纷建立自己的网上商城,专注于自有的客户网络,不断挖掘自身客户资源,采取自主创新的方式推进支付产品创新和服务创新,增加建立自有客户网络的附加价值,并迅速加大对第三方支付机构擅长的中小微客户网络渗透。

三、第三方支付机构与商业银行的合作领域

虽然近几年来第三方支付获得了极大的成功,并从支付、清算业务向信用担保和理财业务拓展。但是,这些并未涉足银行的存贷核心业务,即便是在中间业务领域,第三方支付从事的也是数额更小的"小理财"和"小担保"。这一部分业务是大量的、分散的、小额的

交易,是商业银行过去无力关注的,更是因其业务规模在商业银行收益占比中是极其有限的。

在现在这样的情况下,双方都需要对方,所以双方的合作关系是始终存在并不断发展的。

1. 在沉淀资金方面的合作

当前第三方支付机构定位是非金融支付服务机构,没有银行经营特许权,不能吸纳存款,"预收代付"的各种在途资金,即沉淀资金,都必须存放在银行。根据中国人民银行颁布的《非金融机构支付服务管理办法》的规定,第三方支付平台不能使用这部分资金,只能在一家商业银行设立备付金专用存款账户,将沉淀资金转入专用账户,央行还要求按照所有备付金银行账户利息总额的10%计提风险准备金。但是该管理办法没有规定客户备付金利息(孳息)的管理和使用权限。

目前,双方都已意识到孳息的潜在效益。对银行而言,托管备付金可以扩大资金来源;对第三方支付机构而言,目前均已活期储蓄存放在托管银行,如果备付金可以以定期存款、通知存款或协定存款存放,则可以增加第三方支付机构的固定收益。当然,这种合作需要在两者之间寻找一个最佳平衡点。

2. 在信用方面的合作

信用信息是指能够反映个人、法人或其他组织信用状况的信息,包括:基本信息、社会成员在经济活动中形成的与信用有关的交易记录、其他与社会成员有关的惩罚信息等。信用信息可以为企业用户、个人用户、各金融机构用户提供较好的信用数据增值服务。尤其在中国征信体系尚未成熟,市场交易各方对信用信息的需求量极大。

第三方支付平台上积累的大量的交易记录,可以为银行提供个人、中小微商的信用评价,从而使银行更好地为个人和微商提供信用贷款服务。与之相对的是,由于风险控制和成本的原因,银行一般只向大企业提供贷款服务,没有中小微商的信用数据。对第三方支付机构来说,为银行提供信用信息则增加了收入渠道,增加了收益。

3. 在安全方面的合作

安全性和便捷性是一对矛盾,在实际中只能寻求两者的平衡点。银行的安全性很高,但便捷性差,降低了用户的体验。第三方支付的便捷性很好,但安全性差。所以银行适合大额支付,而第三方平台适合小额支付。随着不断产生的新的支付安全问题和日趋激烈的竞争,不仅双方需要有资金和技术投入,还需要全行业的共同努力打造安全便捷的支付环境。通过信息共享、联动机制,共同防御行业风险。

4. 在跨境支付方面的合作

跨境电子商务是指分属不同关境的交易主体,通过电子商务平台达成交易,进行支付结算,并通过跨境物流送达商品、完成交易的一种国际商业活动。随着国际交往密切和国际商品流通加速,各个电商平台都在积极谋求简便的人民币资金清算的方式。

如果依托国有大型商业银行在海外建立的人民币储备银行,为第三方支付机构提供海外清算服务,则有利于全行业降低海外清算成本,更好地推进人民币国际化的进程。

四、未来的发展方向及政策建议

1. 第三方支付企业的发展方向

对第三方支付产业而言,"科学技术是第一生产力"。从实际情况来看,具有较大影响和市场地位的第三方支付企业最重要的共同点就是利用现代科技,较好地适应并推动了科技引领综合金融的大趋势。总体上看,第三方支付企业的未来发展必须用好"现代科技"带来的推动力,来不断提升以支付为基础的金融服务的安全和效率。在具体的发展方向上有四个特别需要关注的重点:

(1) 技术创新和成果转化能力的培养。技术创新是第三方支付产业快速发展的最主要动力,卓越的创新研发能力是第三方支付企业的核心竞争力。在未来较长的一段时期内,更好地实现第三方支付机构在电子商务活动领域中的信用中介功能,是保证其持续、稳定发展的重要基础。目前,以智能实时防控系统与大数据分析技术为基础的技术创新和成果转化是提升第三方支付服务安全与效率的重要基础。

(2) 移动支付、跨境支付业务的机遇把握。目前,移动支付、跨境支付已经"浮出水面",成为市场竞争和发展的新"焦点"。把握移动支付和跨境支付带来的机遇与挑战,是第三方支付产业提升服务能级、增强自身竞争力并推动产业同步发展的重要契机。

(3) 特定行业的精耕细作与专业化发展。目前,第三方支付机构提供的服务逐步由单纯的提供支付结算服务向提供行业解决方案及产业链支付方向发展,渗透包括钢铁、物流、基金、保险等诸多传统领域,在这些传统领域的专业化发展是第三方支付机构未来发展的重要内容。在具体服务方式上,个性化的支付结算综合服务方案乃至与企业 ERP 系统全自动处理的模式将成为第三方支付企业追求的目标。

(4) 线上线下支付业务的融合发展(Online to Offline)。智能手机的普及为第三方支付企业打通线上线下资源,实现线上线下支付业务的融合发展提供了可能。过去几年中,支付宝推出了手机支付产品"条码支付"(二维码支付)和代号为"卡宝"的新版支付宝 APP;腾讯旗下的财付通也加强与微信合作,发展微信支付。O2O 模式为互联网支付企业创造更为丰富的全场景支付应用和增值服务提供了宽广的想象空间。可以预见,与支付的生活化应用场景紧密结合的 O2O 模式将不断细化未来的支付产品及服务。

2. 银行业的发展方向

对商业银行而言,适应支付市场新兴需求的战略转型在具体实践层面有以下四个方向:

(1) 网上银行的服务形态要向网络银行转型。未来,商业银行在互联网产业极其重视的客户体验方面,要以交互设计师的眼光,全面考量品牌形象、产品、服务以及用户付出的金钱成本、时间成本等细节事项;在营销渠道上要努力形成基于电子商务的客户关系管理体系(EC/CRM);在产品研发上,要重新将商业银行定位为金融投资资讯的提供商,稳固银行的信息中介功能;在经营策略上,要掌握电子商务时代由虚拟化运营衍生的各种商机,开发配套的新产品和新市场。

（2）服务内容向网络金融转型。目前,我国商业银行的网上银行产品服务停滞不前、缺乏创新的发展现状与第三方支付企业迅猛发展的局面形成了鲜明的对比。这也充分证明,只有将资金流、信息流、物流成功整合于同一电子商务平台上的网络金融才是电子商务活动的核心。未来,商业银行必须适应金融服务的信息化趋势,改变现有的服务模式,学习第三方支付企业利用成熟的风险定价模型完成向互联网金融业务的创新,特别是要尽快着手考虑众多对公客户的B2B金融解决方案。

（3）服务对象向零售及中小企业客户转型。适应网络银行、网络金融转型的需要,商业银行的服务对象也必须向零售客户转型,在当前零售银行业务的基础上,商业银行要直接介入网络支付链条,扭转仅向第三方支付企业提供账户与通道的单向合作局面;要改变依赖网点扩张的传统零售业务发展模式,适应不断变化、个性化与多样化的零售客户需求;要试水基于供应链的中小企业网络业务,抢占网络金融服务市场;要努力打造线上及线下、终端及移动的电子商务平台,努力在零售业务的各个领域为客户提供3A（Anytime、Anywhere、Anyway）标准的服务。

（4）挖掘竞争优势和发挥竞争潜力,为战略转型提供保障。面对新兴的支付市场需求,商业银行要综合利用自身潜在的资源储备、全金融牌照以及核心客户资源等各种优势,结合移动支付、跨境支付、O2O等新型支付业务的需要,完善与转型战略配套的机制、体制。

3. 监管建议

对于政府监管部门而言,促进商业银行和第三方支付企业健康发展,既要鼓励创新,又要保持市场有序竞争。

（1）第三方支付企业与商业银行之间的综合性、多样化的复杂关系是以竞争与合作为主线的,政府监管部门应当鼓励有序竞争与深入合作的行业发展基调。

网络支付安全是整个市场规范发展、市场参与者有序竞争的内在需要。围绕安全与效率的核心目标,政府监管部门要积极推动商业银行和第三方支付企业强化在网络支付安全方面的合作,在鼓励商业银行与第三方支付企业共同开展网络商户和消费者安全支付教育的同时,要尽快研究涵盖整个网络支付产业链的安全合作机制,推动诸如安全技术、反欺诈、反洗钱、防钓鱼、"黑名单"共享等具体措施的落实。

而在网络支付效率的提高方面,政府监管部门要深化网络支付领域共同遵循统一标准的对称监管和有序竞争的游戏规则;推动商业银行和第三方支付企业在电子商务融资、数据挖掘、交叉营销和移动金融等方面开展深入合作,促进彼此商业模式的创新和融合,取长补短,共同构筑高效、平衡、健康的电子商务和互联网金融生态圈。在这一合作过程中,商业银行和第三方支付企业都需要认真辨别,寻找具有相似经营理念、共同发展目标、较强内控能力的合作伙伴,探索建立双赢合作模式。

（2）坚持创新驱动,围绕消费金融服务需求、人民币国际化等宏观经济战略,提升支付业的服务能力。

创新是支付行业满足市场需求,不断提升服务能力的原动力。今后一段时期,我国在宏观经济金融稳步发展的基础上,将更加突出扩大内需特别是消费需求,突出保障和民生,消费金融服务将无处不在。面对这种新情况和新变化,政府监管部门要鼓励商业银行和第三方支付机构立足全局,抓住机遇,加强战略谋划,增强应对能力,加大与宏观经济战略相关的全场景的支付产品与服务的开发与应用,挖掘相关增值服务,通过创新驱动实现有序健康发展。

本章小结

本章主要探讨了第三方支付账户相关概念、账户实名制、账户分类监管的相关规定,这些措施有利于保障账户持有人的利益,有利于打击各类违法犯罪行为;账户分类进行监管正是适应各种不同支付情境而采取的管理措施。未来随着技术的发展和市场培育的成熟,第三方支付机构与银行还将开展更为激烈的竞争与合作。

第五章 第三方支付风险分析

第一节 第三方支付政策与法律风险分析

第三方支付平台出现以来,在中国贸易变革、金融变局、制造和服务业变化、国民收入分配以及政府管理转变中发挥了积极作用,对中国经济转型起到了较好的作用。为了鼓励第三方支付创新,国家只是一直参照银行法的相关规定对其进行监管。

但是,随着电子商务快速发展和移动支付快速普及,第三方支付行业呈几何式增长。越来越多的企业加入到第三方支付行业,竞争更加激烈,问题也更加突出。支付行业的弊端也在发展过程中逐步暴露。众多市场乱象将一直在"幕后工作"的第三方支付行业推到了舆论的风口浪尖。

为了清理行业乱象,规范第三方支付市场的行为,2010年6月,央行公布了《非金融机构支付服务管理办法》。根据规定,央行对第三方支付行业的金融资质进行审核,并以颁发《支付业务许可证》的方式认定其经营资格。在2011年9月1日前,未取得第三方支付牌照的企业,将不被允许从事第三方支付业务。此后,央行逐步制定管理办法,顺应、引导和规范第三方支付发展潮流。

一、简要梳理2010年之后主要的监管政策

(1) 2010年6月21日,中国人民银行通过了《非金融机构支付服务管理办法》(以下简称《管理办法》),明确了第三方平台为"非金融支付机构",并规定:第三方支付在内的非金融机构须在2011年9月1日前申领《支付业务许可证》,逾期未能取得许可证者将被禁止继续从事支付业务。该《管理办法》的顺利通过预示着第三方支付行业迈入了全新的发展阶段。该《管理办法》首先规定了立法的依据、宗旨、调整对象等;其次规定了运营非金融机构办理申请和许可办法和程序,以及审批的要求;再次规定了如何对非金融机构的支付服务进行监管,包括资金安全、运营体系以及各个主体应当承担的责任等方面的内容,这是《管理办法》最重要的一部分;最后规定了管理人员、商业银行、支付机构的法律责任。

(2) 2010年12月中国人民银行颁布了《非金融机构支付服务管理办法实施细则》(以下简称《实施细则》),充分细化了《管理办法》的相关内容,并对支付实施、反洗钱措施及从业资格等方面内容进行了细化和解释。使得第三方支付机构经营管理更加合法,行业竞

争环境更加规范,这对第三方支付行业的发展而言,具有巨大的推动作用。然而从另一个角度看,无论是《管理办法》还是《实施细则》,都是中国人民银行出台的办法,属于部委规章,存在位阶低、法律约束力不强等问题;从性质上看,第三方支付机构主要从事资金融通的业务,根据《商业银行法》第三条的规定:"结算业务属于商业银行的中间业务,必须经过银监会的批准才能从事。"显然《管理办法》与该规定是有矛盾的,第三方支付机构对此类业务实际上是对《商业银行法》的突破。

(3) 2012年4月12日,中国人民银行正式颁布《支付机构反洗钱和反恐怖融资管理办法》,根据《中华人民共和国反洗钱法》《非金融机构支付服务管理办法》(中国人民银行令〔2010〕第2号发布),直接将支付行业中包括网络支付、预付卡发行与受理和银行卡收单业务纳入反洗钱监管体系中。该办法明确了支付机构反洗钱监管机构与其如何去实施反洗钱工作,即支付机构需建立相关反洗钱制度与团队,并明确与监管机构的关系与责任,识别客户与监控交易。对于支付机构自身如何做好对洗钱犯罪的防范重点工作在客户识别与交易监控记录。客户识别旨在将风险的源头风险最小化或对风险高的风险源进行高等级的监控与管理。交易监控记录旨在对于风险交易进行全程记录,对于疑似洗钱行为的交易进行证据的搜集与监控,对于明显触犯风险控制规则的交易进行拒绝交易处理。并指出:支付机构违反本办法的,由中国人民银行按照《中华人民共和国反洗钱法》第三十一条、第三十二条处罚;情节严重的,由中国人民银行注销其《支付业务许可证》。构成犯罪的,移送司法机关依法追究刑事责任。

(4) 2012年9月27日,为规范支付机构从事预付卡业务行为,维护预付卡市场秩序,防范支付风险,中国人民银行公告第12号公布《支付机构预付卡业务管理办法》。该办法分总则,预付卡发行、受理、使用、充值和赎回和监督管理,自2012年11月1日起施行。

一方面,满足预付卡持卡人的合法合理需求,适度把握制度设计的灵活性,充分发挥预付卡在小额支付领域的积极作用。如《支付机构预付卡业务管理办法》规定不记名预付卡资金限额不超过1 000元;对记名预付卡持卡人赋予其在挂失、赎回等方面的权利;对资金限额在200元以下的预付卡在销售、充值方面给予便利;在不记名预付卡不得赎回的前提下,对与老百姓关系密切的公交行业不记名预付卡,允许余额在100元以下时按约定赎回;允许预付卡通过网络支付渠道缴纳公用事业费等,都突出了预付卡在便民支付方面的优势,在一定程度上满足和支持了预付卡在小额便民支付领域的创新发展。

另一方面,建立严格的风险监管机制,全面规范预付卡的发行、受理和使用,明确各方权利、义务和责任,维护预付卡市场秩序,防范风险。《支付机构预付卡业务管理办法》作为2号令的配套制度,本着"疏堵结合"的原则,强调记名预付卡和不记名预付卡在资金限额、有效期、挂失、充值、赎回等方面的权利差别,从而鼓励、引导持卡人在预付卡业务中留下身份信息记录,享有更多权利,以突出预付卡作为非现金支付工具的"留痕"功能,为打击洗钱、套现等不法活动提供线索。在发行方面,《支付机构预付卡业务管理办法》强调购卡(充值)实名制度、非现金购卡制度等规定;在受理方面,明确发卡机构在商户拓展、签约、资金结算、商户风险管理等方面必须承担的责任,强调商户实名制要求,防范预付卡用于非法设立、非法经营或无实体经营场所的商户;在使用、充值和赎回方面,科学、适当地限定预付卡的使用范围和充值途径,明确了充值、挂失和赎回的实名要求,并明确规定不记名预付卡不挂失,不赎回,以防止预付卡被用于洗钱和套现等不当目的。

(5) 2013年6月7日,中国人民银行发布《支付机构客户备付金存管办法》(以下简称《办法》)。该《办法》明确规定了客户备付金归属、存管及使用三个方面的问题。该《办法》首先明确规定第三方支付机构不得擅自挪用客户备付金,但是"支付机构可将计提风险准备金后的备付金银行账户利息余额划转至其自有资金账户",而这也是监管部门首次明确了沉淀资金的利息归支付机构支配。其次,对客户备付金银行资质、存管方式进行了约定。

(6) 2013年7月5日,为规范银行卡收单业务管理,保障各参与方合法权益,防范支付风险,促进银行卡业务健康有序发展,中国人民银行制定了《银行卡收单业务管理办法》,《管理办法》清晰界定了银行卡收单业务的内涵和《办法》适用范围,对收单机构的特约商户资质审核、业务检查、交易监测、信息安全及资金结算等环节的风险管理进行全面规范,提出严格的监管要求。主要体现在:一是针对业务实质及风险管理核心进行有效规范,《办法》将网络渠道发起的线上收单业务与传统线下收单业务一并纳入监管,要求从事收单业务的各类市场主体遵循相同的监管标准,履行同等风险管理责任;二是严格规范收单机构特约商户管理,《办法》从特约商户拓展、资质审核、协议签订、档案管理、业务培训等方面明确了管理要求,强调了建立与落实特约商户实名制度和收单业务本地化经营与管理原则;三是明确了收单业务风险管理要求,《办法》针对特约商户风险评级、交易监测、业务检查、受理终端布放、网络支付接口管理、交易信息传输、资金结算、差错处理、业务外包等各环节存在的风险隐患,制定了监管制度;四是明确了银行卡收单业务相关监管检查及违规处罚规定。

(7) 2015年12月28日,为规范非银行支付机构网络支付业务,防范支付风险,保护当事人合法权益,央行发布《非银行支付机构网络支付业务管理办法》,自2016年7月1日起施行。

这个办法的主要内容曾经在2014年3月和2015年7月两次广泛向社会征求意见,曾引起极高的社会关注和全社会热烈讨论。2015年12月28日最终出台的《非银行支付机构网络支付业务管理办法》,要求支付机构按照实名认证的强度将账户分为Ⅰ类、Ⅱ类和Ⅲ类,并对使用余额进行交易进行了限额。虽然在一定程度上限制了交易的便利性,降低了部分客户体验感,但却为技术革新指出了具体的方向,为将来各种创新技术(如指纹、人脸识别等)在金融领域的进一步广泛应用留出了空间。

此外,我国关于第三方支付的法规还有:

◇ 中国人民银行《银行卡清算机构管理办法(征求意见稿)》
◇ 中国人民银行《关于银行卡收单业务外包管理的通知》
◇ 中国人民银行《关于银行业金融机构远程开立人民币账户的指导意见(征求意见稿)》
◇ 中国人民银行、工业和信息化部、公安部、财政部、国家工商总局、国务院法制办等10部委联合印发了《关于促进互联网金融健康发展的指导意见》
◇ 保监会《互联网保险业务监管暂行办法》
◇ 证监会《关于对通过互联网开展股权融资活动的机构进行专项检查的通知》

◇ 中国人民银行《非银行机构网络支付管理办法(征求意见稿)》
◇ 最高法院《最高人民法院关于审理民间借贷案件适用法律若干问题的规定》
◇ 发改委《中国支付清算协会〈关于完善银行卡刷卡手续费定价机制有关问题意见〉的征求意见函》

随着信息技术的发展,我国的金融行业也在不断走向成熟,监管部门的监管水平也将与时俱进,金融消费者也将享受到既便捷又安全的金融服务。

二、第三方支付中的民事法律关系

互联网平台中第三方支付服务的参与主体主要有:买方、卖方、第三方支付机构及与交易相关的银行。在多方参与的法律关系中,我们主要针对第三方支付机构与买卖双方之间、银行与第三方支付机构之间的法律关系进行梳理。

1. 用户与第三方支付机构的法律关系

(1) 资金转移服务中的法律关系

第三方支付机构提供的资金转移服务,这个资金就是客户备付金,即支付机构为办理客户委托的支付业务而实际收到的预收待付货币资金。因此,支付机构应该是提供代为收取或支付相关款项的服务,简称"代收代付"。代收是指支付机构接受卖家委托收取买家所支付的各类款项;代付是指支付机构接受买家的委托将特定款项支付给指定卖家。

依《合同法》第396条对委托合同所下的定义,委托合同是委托人和受托人进行约定,由受托人处理委托人某项事务的合同。在第三方支付公司提供的服务过程中,其为用户所提供的代收代付款服务完全符合委托合同的定义,因此第三方支付公司与买方之间形成的应是以代付为委托事务的委托合同,与卖方之间形成的是以代收为委托事务的委托合同。

当双方因交易发生纠纷时,第三方支付机构有权根据服务协议和所掌握的交易信息,自行判断并对买卖双方的争议款项归属做出决定。第三方支付机构只是负责接受用户的指令提供资金移转服务,真正的意思表示仍是来自用户,因此提供资金转移的事实行为符合履行委托合同中对委托事务的履行。

(2) 资金保管服务中的法律关系

在实际交易中,从买方将货款交给第三方支付机构,到支付机构将这笔款项最终支付给卖方,中间必然存在发货、运输、验货等时间差;此外,为了网购方便,许多买家会保留金额大小不等的余额在自己的支付账户里面;由此便出现了大量资金沉淀在支付机构;由于沉淀资金规模巨大,其利息收入就成为一笔庞大的资金。孳息归属一度成为法律争议的热点。

2013年6月7日,中国人民银行发布《支付机构客户备付金存管办法》明确规定:第三方支付机构不得擅自挪用客户备付金;支付机构可将计提风险准备金后的备付金银行账户利息余额划转至其自有资金账户,这也是监管部门首次明确了沉淀资金的利息归支付机构支配。

沉淀资金和客户备付金相关内容可参见第五章第三节第三方支付的客户备付金管理。

值得一提的是，支付账户的余额与银行账户的余额有着根本不同。银行账户里面的钱可以按照用户的指令进行有效支配，并获得利息收入。银行账户里的钱受到存款保险制度的保护，由存款保险机构支付部分或全部存款。支付账户里的钱不是存款，只是客户预付价值的余额，仅代表非银行支付机构的信用；不仅没有利息收入，如出现资金挪用问题，是没有存款保险制度保护的，用户将可能面临无法挽回的损失。

（3）信用担保服务中的法律关系

具有信用担保职能的第三方支付机构在资金转移的服务过程中还扮演着保证人的角色。交易发生后，买方将货款支付给第三方支付机构，于买方而言，在未收货物或所收货物不符买卖约定时，其可以拒绝支付机构向卖方付款，支付机构在进行情况审核时，如果属实会将货款退还给买方。于卖方而言，当买方收货后于规定期限内一直没有确认收货付款，支付机构系统会将款项自动转给卖方，即当买方未按约定予以付款，支付机构有权默认交易已完成而将货款转给卖方。这种服务方式称为担保交易。

不难看出，支付宝等第三方支付机构实际上是在服务过程中通过掌握资金的临时控制权来实现对买卖双方的担保。我国《担保法》规定了5种不同的担保形式：保证、抵押、质押、定金、留置。其中留置是法定担保方式，即债权人依照法律规定行使留置权，无须当事人之间约定，其他4种担保方式需由当事人之间约定，是协议的担保方式。

《担保法》第6条规定："保证，是指保证人和债权人约定，当债务人不履行债务时，保证人按照约定履行债务或者承担责任的行为。"保证是一种双方的法律行为；保证是担保他人履行债务的行为；保证是就主债务履行负保证责任的行为。

第三方支付机构提供的担保服务应属于第一种，即保证担保。一方面支付宝公司以其独立性、安全性等信誉为双方提供保证担保；另一方面依私法自治原则，无论是保证的方式、保证的范围都可以由当事人约定。在《支付宝担保支付服务协议》中，关于担保服务的说明是："支付宝与用户就担保支付的使用等事项所订立的有效合约。在首次完成'担保支付'服务付款后，即表示您接受了本协议。"因此，当买卖双方通过注册并使用支付宝，便应看作其与支付宝公司已经就保证担保的方式、范围达成了一致。

所以从保证的法律关系看，第三方支付机构、卖方、买方三方面当事人，即保证人、债权人和债务人，是由三个法律关系复合而成的担保关系。

2. 第三方支付机构与网上银行的法律关系

在我国，第三方支付机构为非金融机构，因此其不能够从事支付结算及资金存贷的业务，而只是为用户提供便捷的资金移转通道。第三方支付机构与各大商业银行签约，就自身与商业银行的网关接入达成协议，从而实现平台用户可以通过网站相关链接将其银行账户或者虚拟账户中的资金进行转移。同时，第三方支付机构备付金存放在商业银行，由商业银行进行备付金存管，因此，两者形成了服务合同关系。

第三方支付机构作为独立的法人组织，依照法律的规定，为买卖双方提供资金转移服务，它具有自己独特的业务领域，即为客户收付货款并承担保管和部分保证担保的责任。在这一过程中，货款从买方的开户银行移转至第三方支付机构的银行账户，交易成功后再从第三方支付机构的银行账户转移给卖方账户。在整个过程中,第三方支付机构依照银行端口的指令从事资金转移服务。在央行2005年所颁布的《电子支付指引》中,也明确规定了第三方支付机构为银行业务的外包机构,应根据银行的委托来承担资金转移服务,因此第三方支付机构与买方银行和卖方银行就发出及接受资金转移指令形成相应的服务合同关系。

三、第三方支付机构的法律风险

1. 巨额沉淀资金风险

支付机构实际收到的预收待付资金称为客户备付金;许多买家为了网购方便,常常保留金额大小不等的资金在自己的支付账户里面,这些资金称为账户余额;客户备付金和账户余额共同组成了沉淀资金。由于预售待付的时间差、平台巨大的交易规模,使得沉淀资金规模巨大。

目前,涉及沉淀资金监管的主要法律管理办法是《非金融机构支付服务管理办法》《支付机构客户备付金存管办法》,设计的框架是沉淀资金由第三方支付平台占用、存放于商业银行专用存款账户中由商业银行监督,二者共同负责资金安全,共同承担可能的风险和责任。中国人民银行作为行业主管部门,负责对第三方支付行业的行政管理工作,也包括对沉淀资金及其安全进行管理。

有研究者将沉淀资金面临的主要风险总结为技术风险、道德风险、信用风险和法律风险,从根本上说还是制度风险,根源自现有法律制度安排的不成熟和监督不到位。

2. 洗钱风险

由于现有的主流第三方支付企业主要都是依附于大型电子商务网站,仅仅承担支付媒介的功能,对交易的真实性无法核实。犯罪分子利用这一特点,很容易虚构交易进行洗钱,即通过虚构电子交易在全球各地转移非法获利,因而第三方支付极易成为洗钱违法犯罪行为的隐匿场所。关于第三方支付机构的洗钱风险,将在本章下一节详细讨论。

3. 信用卡套现风险

信用卡套现是指信用卡持卡人不通过正常手续将信用卡中的授信额度全部或部分地直接转换成现金的行为。信用卡套现是我国经济活动常见的违法犯罪现象。

传统的信用卡套现主要是通过POS机刷卡实现,也有通过购买机票、基金等商品或者服务,再申请退货取得现金退款。第三方支付的兴盛为信用卡套现提供了新路径,手段虽然层出不穷,但基本模式都是利用信用卡付款到第三方支付平台账户,然后提现至借记卡中。信用卡付款的前提是电子商务交易。监控打击套现,就需要与电子商务网站合作,核实审查交易的真实性。第三方支付平台仅仅是资金的流动,并不能知晓资金流动背后交易的真伪虚实。

此外,第三方支付平台还需要公安、工商等行政部门的配合,才具备审核信用卡所有者、账户注册人信息的真实性。赋权第三方支付企业查询审核自然人个人信息、法人等主体工商登记信息,要注意与保护隐私权、个人信息权、商业秘密权的平衡。毕竟第三方支付企业不同于作为公共服务机构的行政机关,其行为需要基于特定目的而予以特别授权。

4. 消费者权益保护风险

现行的《消费者权益保护法》规定了9项消费者权利,即安全保障权、知悉真情权、自主选择权、公平交易权、依法求偿权、依法结社权、知识获知权、人格尊严及风俗习惯受尊重权和依法监督权。从目前第三方支付行业发展来看,容易受到侵害的是财产安全权、知情权、求偿权以及作为新兴权利的个人信息权。本书就争议颇多的个人信息权或个人隐私权保护重点讨论。

个人信息权是"自然人依法对其个人信息进行控制和支配并排除他人干涉的权利"。目前全社会已经形成共识:在第三方支付活动中,账户注册及资金支付中涉及消费者各项个人信息,妥善保管、定期持有、合理使用这些信息以确保这些信息不被不正当利用,是第三方支付平台的重要义务。国家工商总局颁布的《网络商品交易及有关服务行为管理暂行办法》也要求网络交易平台服务经营者应采取措施确保消费者个人信息数据资料信息的安全。未经消费者同意,不得擅自对外公布消费者名单、交易信息等个人信息。

个人信息权保护对象是个人信息,所有基于支付活动中产生的信息都属于个人信息的范畴,既包括个人基本信息,也包括支付交易中产生的信息,如姓名、性别、年龄、所在地区、地址、电子邮箱、身份证号码、登录密码、支付密码,在支付过程中,每次支付额度、支付对象、支付时间等信息。

工商总局2010年7月1日实施的《网络商品交易及有关服务行为管理暂行办法》第16条规定,网络服务经营者必须承担安全保管、合理使用、限期持有和妥善销毁消费者信息的义务;同时禁止公开、出租、出售个人信息。2012年12月28日全国人大常委会做出的《关于加强网络信息保护的决定》明文禁止包括第三方支付企业在内的网络服务提供者在业务活动中收集的公民个人电子信息必须严格保密,不得泄露、篡改、毁损,不得出售或者非法向他人提供。应当采取技术措施和其他必要措施,确保信息安全,防止在业务活动中收集的公民个人电子信息泄露、毁损、丢失。

第二节 第三方支付洗钱风险分析

一、第三方支付平台反洗钱法律制度的理论概述

1. 第三方支付平台反洗钱的概念界定

(1) 洗钱的概念界定与危害分析

洗钱最初并非法律概念,在欧洲中世纪铸币时代,货币兑换商将流通中被污染或氧化的金融铸币清洗干净的行为被称为洗钱。现代意义的洗钱是将犯罪得来的不法收入通过金融机构周转使其形式上变为"干净"的钱,从而隐瞒这种不法收入与犯罪行为的关系的行为。不难发现,国际社会对洗钱已经达成"非法财产合法化"的共识,因此,从某种意义

上说,洗钱是一种将犯罪所得伪装起来掩盖其非法来源的过程,其目的是销毁犯罪线索和证据,将非法所得的资金或财产转化为合法的资金或财产,以逃避法律制裁。

近年来,洗钱活动复杂多变,呈现出从金融领域向非金融领域扩展,从一国向国际化发展,洗钱手段逐渐应用高新科技等发展趋势。

国际社会和许多国家越来越意识到,洗钱对社会和经济带来了严重的危害。

第一,洗钱破坏了金融体系的稳定。洗钱行为严重影响金融机构的正常经营,诱发金融机构的流动性不足,进而导致信用危机,破坏正常的金融秩序。洗钱损害金融机构的声誉,信用基础是金融业得以维持的根本,而公众的金融恐慌心理将直接危害到这一基础,破坏金融市场的稳定性,诱发金融危机,带来经济的混乱,进而造成政治上的混乱。

第二,洗钱促使国家间资本非正常转移。一些发展中国家为了短期的经济发展利益而吸引赃钱,也许暂时会推动当前的经济,但从长远来看,洗钱最终会阻碍国家经济的发展,因为,洗钱使市场经济的运行发生扭曲,利率和汇率的多变加剧不公平竞争,国家发生通货膨胀,破坏投资环境,发展中国家难以得到长期稳定的外资投资。随着世界经济发展的全球化进程加快,洗钱不仅破坏国家金融秩序,危害国家经济安全和社会稳定,还会损害国际金融体系的稳定发展,甚至引发国际金融危机。

第三,洗钱与腐败犯罪、恐怖组织犯罪密切交织。洗钱已经成为贪污腐败滋生的温床,腐败的官员能够利用金融机构和非金融机构的薄弱环节将贪腐的国家公共财产转为个人非法财产,腐败的公职人员在世界范围内进行洗钱活动日益频繁,通过各种途径为贪污受贿的黑钱披上合法的外衣,不仅可以公开挥霍非法所得,还可以用来再投资增值;犯罪集团需要清洗犯罪所得的收益,如毒品交易、走私交易所得的犯罪收益,恐怖组织需要通过洗钱获取的资金支持进行恐怖活动。这些犯罪交织在一起会逐渐损害一个国家的法律制度和社会经济秩序,威胁国家经济安全。

(2)第三方支付平台洗钱的界定

通过上文对洗钱的界定,笔者对第三方支付平台洗钱定义如下:指利用第三方支付这种新型的网络支付方式,掩饰、隐瞒非法所得的真实性质和来源,将其合法化的过程。根据 FATF 于 2010 年 12 月发布的《利用新支付方式洗钱》报告 23,将利用新型支付系统进行洗钱具体分为以下三种模式。

第一种模式:利用第三方为第三方支付账户里注入资金。第三方支付可以为用户提供充值服务,并且在很多情况下充值服务是以匿名方式进行的,充值的方式也多种多样,具体有现金、银行转账、个人间第三方支付账户的转账等充值方式。在第三方支付的庇护下,洗钱分子可以自由利用第三方支付服务进行资金转移或者欺骗第三方帮助为其账户充值。

第二种模式:利用第三方支付的非面对面服务洗钱。洗钱人员通过木马病毒、网络钓鱼或者黑客攻击等方式,盗取他人的银行卡、信用卡或借记卡账户里的资金,然后将盗取来的非法所得通过第三方支付平台进行方便的转移和使用。在这种情况下,第三方支付平台根本无法监测到交易并非由合法用户所为,洗钱人员以合法用户的名义,将其作为向第三方支付账号注资的账户。此外,洗钱人员还可以利用虚假身份开立的服务账户作为清洗非法所得的中间账户,当非法所得顺利转移到这些以虚假身份开立的账户后,洗钱人员就会将其取出或者直接用于网上购物。

第三种模式：与第三方支付机构或第三方支付机构的工作人员联合洗钱。在这种情况下，洗钱人员通过各种方式给予第三方支付机构或其工作人员好处，在追逐个人利益的诱惑下，双方达成共识，第三方支付机构或其工作人员为洗钱人员提供各种形式的帮助。因此，第三方支付机构根本无法对洗钱人员进行身份识别和监控，更无法报告大额交易和可疑交易。

因此，国家运用立法、司法、金融监管等手段，对利用第三方支付平台这种新型支付方式洗钱的行为通过制度设计和制度控制，对洗钱行为及第三方支付机构与人员进行识别和处置，从而达到预防、阻止利用第三方支付洗钱的发生和实现的目的。结合《中华人民共和国反洗钱法》第2条对反洗钱的定义，笔者将第三方支付平台反洗钱的概念定义如下：为了预防通过第三方支付方式掩饰、隐瞒犯罪所得及其收益的来源和性质的洗钱活动，依法采取相关措施的行为。

2. 第三方支付平台洗钱的风险分析

利用第三方支付平台实施洗钱行为，因第三方支付隐蔽、匿名、便捷的支付操作方式而具有风险的特殊性。

（1）为资金转移提供隐蔽渠道

第三方支付与传统的银行转账、现金交易的方式不同，具有匿名性，客户身份识别的工作有一定难度。第三方支付平台参与支付结算交易时，原本银行掌握之下的交易过程被分割为两个看似毫无关联的交易，从这个意义上来说，第三方支付平台利用在银行开立的账户屏蔽了银行对资金流向的识别，干扰交易的可追溯性，监管部门难以确认交易的真实性，任何人只要在第三方支付平台注册了虚拟账户，就可以便捷隐蔽地实现资金在账户间转移。第三方支付采用的加密技术在保护客户隐私的同时，对客户身份信息的监控难度加大，一些犯罪分子通过木马病毒、网络钓鱼或黑客攻击的方式窃取他人的账户信息，使得第三方支付平台无法判断交易事实是否为合法用户本人所为，因此洗钱人员能够较为安全和容易地利用第三方支付清洗非法所得，使非法资金披上合法外衣。

（2）潜在的跨境资金支付渠道

在第三方支付行业激烈竞争的背景下，跨境支付交易显现巨大商机。然而一些未取得跨境支付牌照的第三方支付机构有可能变相实现资金的跨境支付，寻找境外外汇供给需求和境外合作伙伴，以人为改变资金流向将国内支付时的轧差清算转为跨境的两地平衡，第三方支付平台可将境内汇出的人民币资金转入境外汇入的境内目标账户。

国内已经有17家第三方支付机构获得国家外汇管理局颁发的跨境支付试点牌照，目前，第三方支付平台具有开展跨境支付业务的能力，当竞争条件恶劣并且跨境支付的利润可观时，第三方支付平台有成为跨境资金转移渠道的现实可能性。

（3）为非法套现提供便利渠道

第三方支付为收款方实现了商户POS功能，这种POS功能打破了时间和空间的限制，成为收款方的虚拟商户POS机，只要在第三方支付平台注册成为用户即可，使用户范围得到极大拓展。银行在POS业务中，会调查申请人的资质，并且审核POS消费单据，在一定程度上保护了交易的真实性。而第三方支付平台用尽可能简化的程序实现了收款方的 POS 功能,并且缺乏后续跟踪调查,无法判断用户的资质和交易的真实性,禁止套现的信用卡资金及不易变现的资金会在虚假交易或取消交易掩护下退回货款,轻而易举地实现资金转移进行套现。

(4) 资金源头隐蔽

现金是洗钱过程中相对独立于银行体系的一种资金状态,是一条资金链的起点或终点,无法追索源头或去向。完成洗钱的整个过程,需要现金注入金融体系并在其内部流转后,最后以现金形式流出,来中断易被识别的资金链。目前,虚拟账户不接受用户现金存取,但第三方支付平台为另一种"现金"——不记名的充值卡——的应用开拓了空间。通过第三方支付平台,用户可将这一类定向支付工具内的资金余额便捷地转入虚拟账户用来支付或转账,最终进入金融体系。第三方支付平台以此方式突破了虚拟账户不能存取现金的限制,现金资金源头从而实现隐蔽,第三方支付为定向支付工具内的资金存量转移和注入金融体系提供通道。

由于第三方支付运作方式具有隐蔽性、匿名性,加上反洗钱监管部门的监管方式与监管制度存在空白和局限,难以对利用第三方支付洗钱的行为进行有效监管。通过第三方支付这种新型的支付技术和复杂的操作手法,利用第三方支付从事交易的当事人能够摆脱传统的监管,在金融监管体系之外实现资金的转移。

二、我国第三方支付平台反洗钱法律制度现状

为了预防洗钱活动,维护金融秩序,遏制洗钱犯罪及相关犯罪,全国人大常委会 2006 年 10 月 31 日通过,自 2007 年 1 月 1 日起施行《中华人民共和国反洗钱法》。随后,又相继出台了《金融机构反洗钱规定》《金融机构大额交易和可疑交易报告管理办法》《金融机构报告涉嫌恐怖融资的可疑交易管理办法》和《金融机构客户身份识别和客户身份资料及交易记录保存管理办法》的相继颁布实施。反洗钱认识得到了进一步强化,初步建立和完善了反洗钱内控制度,明确了内部反洗钱操作流程,基本上能按规定开展反洗钱日常工作。但由于反洗钱工作还处于起步阶段,按照《中华人民共和国反洗钱法》的要求,无论是工作力度、实效,还是长效管理机制建设,都未达到有关要求,亟须在今后的工作中进一步加强和提高。

中国人民银行于 2012 年 3 月颁布的《支付机构反洗钱和反恐怖融资管理办法》,是国内第一部专门针对第三方支付机构法反洗钱工作的规定,要求已经取得支付业务许可证的第三方支付机构要承担各个环节的反洗钱义务,在内部控制、客户身份识别、客户身份资料与交易记录保存、可疑交易报告、反洗钱和反恐怖融资调查、监督管理等方面进行详细规定,明确了支付机构反洗钱和反恐怖融资的义务与责任,该办法的颁布为我国第三方支付机构反洗钱工作的有效开展提供了较为完备的监管框架,符合当前反洗钱和反恐怖融资的国际形势需要,与其他国家的反洗钱工作同步接轨。

2015 年 12 月 28 日央行《非银行支付机构网络支付业务管理办法》发布,对客户身份识别做了明确规定,要求支付机构应根据客户身份对同一客户在本机构开立的所有支付账户进行关联管理,并按照要求对个人支付账户分为Ⅰ类、Ⅱ类、Ⅲ类账户分类管理:(1) 对于以非面对面方式通过至少一个合法安全的外部渠道进行身份基本信息验证,且

为首次在本机构开立支付账户的个人客户,支付机构可以为其开立Ⅰ类支付账户,账户余额仅可用于消费和转账,余额付款交易自账户开立起累计不超过1 000元(包括支付账户向客户本人同名银行账户转账);(2) 对于支付机构自主或委托合作机构以面对面方式核实身份的个人客户,或以非面对面方式通过至少三个合法安全的外部渠道进行身份基本信息多重交叉验证的个人客户,支付机构可以为其开立Ⅱ类支付账户,账户余额仅可用于消费和转账,其所有支付账户的余额付款交易年累计不超过10万元(不包括支付账户向客户本人同名银行账户转账);(3) 对于支付机构自主或委托合作机构以面对面方式核实身份的个人客户,或以非面对面方式通过至少五个合法安全的外部渠道进行身份基本信息多重交叉验证的个人客户,支付机构可以为其开立Ⅲ类支付账户,账户余额可以用于消费、转账以及购买投资理财等金融类产品,其所有支付账户的余额付款交易年累计不超过20万元(不包括支付账户向客户本人同名银行账户转账)。客户身份基本信息外部验证渠道包括但不限于政府部门数据库、商业银行信息系统、商业化数据库等。其中,通过商业银行验证个人客户身份基本信息的,应为Ⅰ类银行账户或信用卡。

这就对《支付机构反洗钱和反恐怖融资管理办法》中关于客户身份识别措施没有详细说明进行了补充完善。账户实名制是支付交易顺利完成的保障,也是反洗钱、反恐怖融资和遏制违法犯罪活动的基础。针对网络支付非面对面开户的特征,强化支付机构通过外部多渠道交叉验证识别客户身份信息的监管要求,《支付机构网络支付业务管理办法》总则第4条规定,支付机构应当依法维护当事人合法权益,遵守反洗钱和反恐怖融资相关规定,履行反洗钱和反恐怖融资义务。第6章第43条规定,支付机构违反反洗钱和反恐怖融资规定的,依据国家有关法律法规进行处理。这些规定都会推动第三方支付机构积极履行反洗钱义务和反洗钱工作,有利于反洗钱工作的统一有效开展。

三、第三方支付机构落实反洗钱四大核心制度

1. 客户身份识别制度

《中华人民共和国反洗钱法》、《支付机构反洗钱与反恐怖融资管理办法》和《非银行支付机构网络支付业务管理办法》渐进明确了第三方支付平台在为用户开立虚拟账户时,需严格遵循实名制,并保证客户身份资料真实完整准确。这是反洗钱工作中非常重要的一步。针对第三方支付的业务特征和业务种类,应该严格客户身份识别审核工作,包括对客户的身份、资信状况、业务范围的了解和审核,建立真实有效的客户信息数据档案,这样既能有效地配合监管部门做好反洗钱的工作,又能保护消费者,同时为合法商户提供支付便利。在技术手段上,建立密钥托管机制,便于反洗钱监管机关在特定情况下能够获得网络支付密码技术中的私人密钥,从而掌握客户身份信息。目前,大多数支付机构较好地履行了实名制要求。

2. 交易报告制度

在《支付机构反洗钱和反恐怖融资管理办法》中,要求第三方支付机构及时报告可疑交易、大额交易、异常交易。而对可疑交易、大额交易和异常交易没有统一标准,只是要求支付机构自行定义。虽然管理者的初衷是认为不同业务有所区别,不同支付机构也有所

不同,制度无法规定得太细,但是把标准制定交给第三方支付机构显然是不合理的,执行的效果差强人意。异常交易应该主要从以下几个方面进行规制:首先,在交易量存在异常的情况下,第三方支付机构应该向反洗钱监测分析中心报告可疑交易;其次,当客户在短期内与来自贩毒、走私等犯罪活动多发地区的客户间的交易明显增多的情况下,第三方支付机构应及时向反洗钱监测中心报告可疑交易;最后,客户销售商品种类较为简单并且长期交易量大与该商品正常的市场需求不符的,如果能维持长期较大交易量的,其商品的市场需求应该是一个重要因素。如果成交量与市场需求明显不符,则其被利用为非法产品伪装为普通商品进行买卖,从而实现资金的隐蔽,迅速转移的可能性将大大提升,在这种情况下,第三方支付机构应向反洗钱监测分析中心报告可疑交易。此外,对于以匿名方式进行第三方支付要予以重点监测,并及时向监管部门报告大额交易和可疑交易。

3. 交易记录保存制度

客户身份资料与交易记录是监管部门及第三方支付平台判断是否存在洗钱行为的重要依据,因此第三方支付平台应该保存好与客户身份有关的真实资料以及虚拟账户和中介账户中完整的交易记录,保存的这些资料和记录必须能够足以重现每笔交易的原貌,显示资金的最初来源和最终的去向,不能用批量处理的信息来代替具体的交易记录,从而切断资金的真实因果关系。完善的交易记录应当明确,交易记录的记录形式、保存时限、销毁方式根据我国实际情况按照交易金额的大小而设定的不同等级的交易记录保存要求,这对网络环境下遏制洗钱犯罪显得尤为必要。目前,机构都能按照规定将交易记录保存5年以上,交易记录按照相关财务管理规定保存。

4. 内部控制制度

第三方支付机构反洗钱内部控制制度是各机构根据各自的特点和经营情况,将反洗钱法律法规与部门规章的要求进行分解和细化,并落实到自身的具体管理和业务流程的内部规定。目前,我国第三方支付机构存在反洗钱内部控制制度不健全的情况,容易导致洗钱的风险,因此,应从以下三个环节抓好第三方支付机构反洗钱内控制度的建设:首先,内控机构的合理设置。第三方支付机构要建立与自身业务发展相适应的内部审计部门或稽核部门,且该部门应具有相对独立性和权威性。其次,内控设施的改善。第三方支付机构都要建立各自的内控系统网络和相对集中的数据处理中心。再次,不断修改完善内控制度。由于第三方支付行业的服务创新性较强,业务类型不断更新,其业务发展的外部环境也会随时变化,第三方支付机构的内控制度也应该随着这些因素的变化不断修改和完善,来适应业务发展和风险控制的需要。

第三方支付机构应积极打击洗钱犯罪,从源头上堵截非法收入的自由转换,严格履行反洗钱义务,维护正常的社会秩序。

四、我国第三方支付平台反洗钱法律制度存在的不足

1. 立法层级较低

《中华人民共和国反洗钱法》要求金融机构应承担反洗钱义务,但是第三方支付机构

作为非金融支付机构并不在其规定的金融机构范围内,不是《中华人民共和国反洗钱法》的调整对象。第三方支付机构关于履行反洗钱义务和对其监督管理的具体办法,则由中国人民银行制定的反洗钱规章来进行规范,包括《支付机构网络支付业务管理办法》及《支付机构反洗钱和反恐怖融资管理办法》来规定,这两个办法作为部门规章,其法律效力层次相对较低,权威性、严肃性方面也与《中华人民共和国反洗钱法》有所差别,实践中无法得到有效实施,打击洗钱犯罪行为。由于《中华人民共和国反洗钱法》未规定非金融机构的反洗钱义务,加上各部门反洗钱规章之间难以协调统一,况且支付机构为了生存和盈利,势必会出现非金融机构不积极履行反洗钱义务和反洗钱工作混乱的局面,不利于反洗钱工作的统一有效开展。

2. 法律责任体系不完备

第三方支付反洗钱涉及的法律关系可以说比较复杂,其中既有客户与第三方支付平台之间的基于自愿选择的平等民事法律关系,也有反洗钱监督管理部门对第三方支付进行监管而形成的行政法律关系,如果构成洗钱犯罪还会引起相应的刑事法律关系。但是,《中华人民共和国反洗钱法》和《支付机构反洗钱和反恐怖融资管理办法》关于反洗钱法律责任的规定却极为粗略,只有一种纪律处分、一种行政处分及行政处罚,行政责任的处分主体不明确及规定缺乏具体操作性,使得行政责任难以实现,民事责任规定的缺乏造成相关主体的合法权益无法得到保护,刑事责任则规定为"违反规定,构成犯罪的,依法追究刑事责任",没有更为具体的内容。

3. 交易报告制度有缺陷

根据《中华人民共和国反洗钱法》第 20 条规定,我国采取的是大额交易报告和可疑交易报告相结合的交易报告制度。大额交易存在较高的洗钱风险,应该予以重点关注并进行报告。但是《支付机构反洗钱和反恐怖融资管理办法》没有大额交易报告制度的规定,存在明显的漏洞。另外,根据《支付机构反洗钱和反恐怖融资管理办法》第 5 条规定,可疑交易报告的标准完全由第三方支付机构来制定,然而,将可疑交易标准的确定完全交给支付机构,实施效果恐怕会大打折扣。因为支付机构本身更加注重经营利润,如果可疑交易报告的范围较大,需要付出的成本较高,会对其利润产生影响,很可能会向金融情报监测中心报告较少的可疑交易。

4. 信息共享机制不健全

电子支付作为一种新型的商务模式的手段,它的每一次交易活动都涉及多方参与者,既包括参与交易的双方、电子商务网站、第三方支付机构、物流部门,又包括银行、税务、工商、公安等其他机构,每一个参与者都要承担一定的信用责任。它们需要在一个完善的诚信环境下进行交易,但建设这种环境不是单靠某一个参与者有诚信意识就能解决问题的,它需要社会各方长期共同努力才能建设起来。目前,我国的征信行业才刚刚起步,征信报告只覆盖很小一部分人和企业,而且对违反信用的事件的收集也非常有限,各个部门之间由于利益纠葛和技术原因,也不太愿意主动与其他参与者共享信息,这就增加了反洗钱的难度。信息不畅及不对称造成洗钱风险难以进行有效预防和控制。

5. 缺乏反洗钱激励机制

《支付机构网络支付业务管理办法》和《支付机构反洗钱和反恐怖融资管理办法》规定第三方支付机构需要承担反洗钱义务,但是开展反洗钱的工作是要花费巨大成本的,比如雇员成本、技术投入成本、制度成本、检查成本等。但是《支付机构网络支付业务管理办法》《支付机构反洗钱和反恐怖融资管理办法》对如何补偿第三方支付机构反洗钱增加的成本并没有作出规定。此外,反洗钱是一个涉及很多关系的复杂工程,举报洗钱的单位和个人有时候需要冒着很大的风险,因此有必要对举报洗钱线索有功的单位和个人给予一定的奖励,提高社会公众参与反洗钱工作的主动性和积极性。但《中华人民共和国反洗钱法》和对《支付机构网络支付业务管理办法》《支付机构反洗钱和反恐怖融资管理办法》洗钱线索提供人的安全保障和激励与补偿机制的规定现在仍然是一片空白,因此反洗钱激励机制有待建立。

由此可见,我国第三方支付平台反洗钱法律制度存在严重问题,洗钱行为严重破坏了我国金融体系的稳定,阻碍社会经济的发展。因此,我们应该注重对发达国家完备的反洗钱法律制度的学习,在进行研究借鉴的基础上,更好地完善我国第三方支付平台反洗钱法律制度。

第三节 支付机构技术水平分析

一、支付机构业务设施技术水平

1. 支付业务设施成熟度分析

(1) 开发所采用的技术成熟

多数支付设施依赖于开源技术或项目,例如 J2EE、MySQL、RedHat 开源项目等,技术实现方式已经在业界广泛采用,技术成熟度较高。然而由于各支付机构技术实力差别大,对开源产品的质量把控上也存在较大差别,安全隐患问题也不能一概而论,总的来说,支付机构规模越大,实力越雄厚,支付设施建设越成熟,规模较小的支付机构单纯依靠自身的技术水平很难达到规模较大支付机构同样的水平。

(2) 设备选用

从事支付业务的非金融机构,在支付设施建设中主流设备依赖于国外系统设备提供商,如 HP、IBM、DELL、Sun、Cisco 等;而专用安全设备包括防火墙、IDS/IPS、加密机等,国内产品占主流,如天融信、绿盟、启明星辰、无锡所、30 所等的产品在支付机构的系统部署中都比较常见。

国外系统设备在金融行业已经使用多年,设备品牌的性能和可靠性都有一定市场口碑。安全产品国内品牌的选用,是国家对支付机构在信息安全方面的引导,以及支付机构的安全意识不断提升相关的。在国家政策的引导下,信息安全自主可控的目标在支付机构系统设计、建设和运维中达成各方共识。

安全设备选用上需要额外说明的情况是,存在将具有部分安全功能的网络设备兼做安全设备使用的情况,例如有部分支付机构简单地将路由策略替代访问控制策略无法达到必需的安全强度,安全设备只有经过国家认证获取安全产品销售许可证的设备才能当作安全产品使用,此外安全审计上专用安全审计工具还没有普遍使用,集中审计要求方面还有更多的工作要做。

(3) 前沿或前瞻性技术总体投入不均衡

支付机构对前沿或前瞻性的支付技术研究,主要还是与支付机构的规模和实力有关。通常前沿或前瞻性技术的研究都由少数"寡头机构"承担,多数支付机构缺乏实力,也缺乏资源进行相关投入。

支付领域的市场充满着竞争,创新是支付机构发展的基础和动力,少数"寡头机构"对前沿技术或前瞻性技术投入了很大资源,创新的业务模式、新的技术手段层出不穷,但这样的创新更多地投入在业务实现和服务提供方面,支付机构更多地关注于便捷、低廉的支付方式,而往往忽略支付安全的需求,例如虚拟信用卡、二维码支付等业务服务快速部署了,但却没有很好地进行论证和验证。便捷和低廉是不能以安全为代价的,否则创新成为隐患之源。只有均衡地进行前沿和前瞻性的技术研究,从理论到安全实践的充分研究,创新技术才可能成为最终的市场推动力。

2. 支付机构业务设施规模及业务规模

目前,我国非金融机构从事支付业务服务的机构正在逐渐形成少数占有绝对优势资源的"寡头级支付机构",倚仗所取得的技术和市场优势,建立的支付设施规模庞大、设施完备、技术先进、各类人员齐整,技术上依赖创新,市场上积极进取,业务规模和服务范围不断扩大,成为市场上的"寡头巨人"。

而其他中小规模的支付机构,只能依赖在一定的地域、特定领域的支付形式,形成地域或领域内的竞争优势,建立规模适中、服务相对比较单一的支付设施,在技术和服务市场上期望在地域或领域内具有竞争优势。

3. 支付设施新技术应用情况

各家支付机构在支付设施的建设中根据自身的实力和市场的需求,都在积极采用当前业界不断成熟的新技术,从金融芯片卡的应用到移动技术的创新,新技术在支付领域得到了快速的发展,在非金融机构从事的支付业务发展中新技术的应用还是有自身行业的特点。

(1) 芯片卡应用有待推广

芯片卡又称IC卡,是指以芯片作为交易介质的卡。芯片卡不仅支持借贷记、电子现金、电子钱包、脱机支付、快速支付等多项金融应用,还可以应用于金融、交通、通信、商业、教育、医疗、社保和旅游娱乐等多个行业领域,真正实现一卡多能,为客户提供更丰富的增值服务。

2014年5月14日,央行印发《关于逐步关闭金融IC卡降级交易有关事项的通知》,决定在全国范围内统一部署逐步关闭金融IC卡降级交易工作,以全面提升银行卡安全交易水平,并制定了时间表:2014年8月底前全国ATM关闭金融IC卡降级交易;2014年

10月底前全国POS终端关闭金融IC卡降级交易。银行卡收单机构必然会主动要求部署的受理终端符合受理IC的相关要求,非金融机构支付领域芯片卡也是大势所趋。

作为传统磁条卡的升级替代品,芯片卡具有两个明显优势:一是容量大,可以承载持卡人的个人信息。持卡人的存储密钥、数字证书、指纹等信息都可以写进芯片中;二是安全性大大提升,要读取或写入芯片信息都会受到密钥的保护,不易被破译,能够有效地防止卡数据被复制及制成假卡。

降级交易关闭之后,央行不断深入推进金融IC卡推广工作,各商业银行加大了金融IC卡及多应用推广力度,金融IC卡及多应用推广的基础环境已形成,并取得了一定成绩。但是总体来看,金融IC卡及多应用推广仍受限制。

电子现金功能使用率低,基于电子现金功能的应用偏少。主要原因有三个:一是对项目主体单位缺乏吸引力;二是与银行利益不符;三是作为准公益事业,基于电子现金功能的应用缺乏政府支持,影响金融IC卡多应用推进有序开展。

单单依靠金融系统自身力量推进金融IC卡多应用工作具有一定的局限性,难以调动社会各职能部门的积极性,统一各部门利益,为金融IC卡多应用工作铺平道路。

(2)移动支付线上线下融合,各机构积极部署

从近年来国内外支付领域的新模式和新技术应用来看,创新支付方式百花齐放,集中围绕O2O。移动远程支付由于技术实现方式简单,系统部署成本相对较低,用户接纳认可度高,所以业务快速推广。近场支付由于其部署成本比较高,安全单元的市场成本还无法很快解决,但是作为更安全、更便捷的支付技术实现方式,未来的市场前景可观。

移动互联网技术的飞速发展带动了移动支付的技术创新,而用户对于支付便捷性的需求也在催生新的支付方式的产生。用户体验将是决定新兴技术未来发展的重要因素。移动支付有效地突破了网上支付使用场景的限制,实现了从线上到线下的协同发展。而移动支付方式创新的推动因素主要有:首先,3G、WiFi、NFC及RFID等通信技术的逐渐成熟,以及以智能手机为代表的移动终端的迅速普及,使得相关技术在移动支付领域的应用更加广泛,支付流程更加顺畅和便捷;其次,随着用户消费欲望及消费水平的提高,对于支付形式多样化、便捷化的需求正在迅速提升;最后,移动支付与移动营销的结合为商户提供了更加便捷和安全的支付方式及信息推送服务,极大地丰富了支付企业的盈利模式。

4. 支付设施安全技术应用情况

非金融机构所从事的支付服务领域,由于支付服务涉及资金安全这样的特殊风险,以及行业监管的要求,在非金融机构检测认证工作的促进下,支付设施在设计和建设过程中都普遍采用业内比较成熟的安全技术手段,对于某些实力比较高的支付机构,甚至根据业务的实际情况采用了具有独自特点的安全解决方案。由于安全方案涉及各家的商业秘密和系统安全,本书仅从对支付机构在认证审查中了解的通用安全技术应用状况进行简单介绍。

总体来说,各支付机构的支付设施普遍都采用了传统的信息安全的技术措施,例如在支付设施的网络边界上,防火墙、入侵检测系统、反病毒网关等广泛应用;数据库、系统服务器也进行了安全加固与反病毒、反恶意软件、反木马等的防范;而基于密码算法实现的通信加密和存储加密也参照标准在支付设施中做了实施;为保证可用性冗余和备份措施

也广泛部署。尽管如此,这些安全手段在部分支付机构的实际应用中通常还是存在一些问题的,例如边界防护简单依赖安全设备,安全策略缺乏维护,缺少防御纵深的设计;对非法的内接外连缺少监察和处置手段;通过公网提供的服务缺少有效的安全保护和足够强壮的验证机制(如双因子认证)等。

信息安全技术应用中比较突出的问题是数字签名技术的应用。由于数字签名技术涉及第三方数字证书服务的使用、自建 CA 系统等,数字证书及其密钥在管理和应用中都涉及较大的投入,因此数字签名在支付设施中的应用,往往是规模较大的支付机构的系统应用相对比较理想。

总之,支付设施意味着它较普通信息系统面临的威胁更多、风险更大,系统的信息安全防护需要做到整体的均衡防护,任何短板都可能造成安全防护体系的崩溃。

二、支付机构间技术服务能力差异分析

1. 非金融机构支付市场成为寡头机构间竞争的格局

当前从事支付业务的非金融机构,由于支付机构的背景和之前所从事的业务领域不同,不同支付机构之间以及从事不同业务类型的支付机构之间,无论系统建设规模和业务服务规模都存在较大的差异。从系统规模和业务服务规模来说,从事支付业务的非金融机构已经形成少数"寡头级支付机构",市场占有绝对优势,它们系统规模大,业务覆盖广,市场占有率高,同样面临的金融风险高,影响面也广。寡头级支付机构由于体量大,人力、技术和资本雄厚,支付设施技术方案的设计和建设上更趋于成熟与完善。同时寡头级支付机构由于对资源占有的优势,在支付领域的新业务模式和新技术手段上有更多的创新。而同样为达到市场占有的目的,这种创新往往也会缺乏充分的理论论证和实践检验,给支付业务带来风险和影响。由于这样的寡头支付机构,往往能抓住用户的心理需求并快速部署,市场反馈和用户体验上都会有很好的效果,服务技术水平堪称一流。

另外,部分支付机构脱胎于传统 IT 服务领域,各方面的实力都有限,只能专注于部分业务类型或特定领域的支付业务,支付设施规模小,业务覆盖范围有限。在支付设施的建设上捉襟见肘,或系统功能上不完整,或安全防护方面不到位,或风险监控难以形成监控体系等,与寡头类支付机构形成较大的差距。这类支付机构的支付服务按部就班,技术创新跟随主流,当然其潜在的金融市场风险的影响也相对于寡头机构要小。

2. 不同业务类型的支付设施差距明显

互联网支付、卡发行与受理类型的支付业务,支付机构的技术服务水平明显高于数字电视、固定电话支付的机构。这从从事不同支付类型业务的支付机构数量、规模、服务范围等可以明显看出差别。由于数字电视、固定电话支付这样类型的支付服务,依赖于特殊的网络接入方式,市场的推广依赖于广电网络运营商和电信基础网络运营商,而且受众范围窄,使用也不太灵活,这些都限制了这些类型的支付机构在服务技术方面的投入能力。而互联网、卡发行与受理以及正在快速发展的移动支付领域,由于市场开放程度相对比较

高,业务面对的用户群体更为宽广,当然市场竞争也更为激烈,支付机构对市场愿景的预期,促使支付机构在这些类型的支付业务的投入积极性更高,无论是技术设备还是人才管理都相对比较到位,从市场回报和用户体验来说都有不错的效果。

第四节 第三方支付业务设施技术风险分析

一、非金融机构支付业务设施技术问题

根据认证结果,对支付机构各业务的严重问题逐一进行介绍,对于一般性问题和建议性问题由于问题较多,不再一一介绍。根据业务类型,对问题发生频率最高的前几个审查项问题进行了总结说明。

1. 严重问题分析

严重问题分析如表5.1所示。

表5.1 支付业务严重问题案例描述

业务类型	问题所属类型	严重问题典型案例描述
预付卡的发行与受理	风险监控要求	POS机没有采用一机一密
		POS加密算法使用DES,没有使用双倍长密钥
		缺少风险事件报送制度
		未限制预付卡账户余额最大值
		未限制单笔消费限额
		未限制单日累计消费限额
		缺少安全事件响应机制,缺少风险事件报送制度
	系统功能要求	无退货功能
	系统性能要求	稳定并发CPU平均利用率93%
	网络安全要求	日常办公网可访问核心生产服务器和网络设备
	数据安全要求	数据完整性不符合要求
		未定期对数据进行恢复性测试,或测试记录缺失
		客户身份认证信息存储安全不符合要求
	业务连续性要求	未进行业务中断影响分析
		缺少灾难恢复时间目标和恢复点目标
		系统无应用级恢复预案
		备份机房为数据级,非应用级
		未进行业务中断影响分析,缺少业务连续性计划
		无同城应用级备份

续表

业务类型	问题所属类型	严重问题典型案例描述
互联网支付	风险监控要求	黑名单管理功能未正确提供
	主机安全要求	Windows 2003 Server 版服务器没有安装杀毒软件
	应用安全要求	在支付机构与商户之间的交易处理过程中,未实现有效的电子签名
		未对所持有的服务器证书私钥进行有效保护
	数据安全要求	未定期对数据进行恢复性测试
	业务连续性要求	同城应用级备份机房正在筹建中,目前没有正式投入使用
		没有同城应用级备份设施
银行卡收单	风险监控要求	黑名单功能不符合要求
	安全性要求	口令明文传输
	业务连续性要求	未明确灾难恢复时间目标和恢复点目标
		灾备机房未达到应用级要求
		无业务中断影响分析
		不具备同城应用级备份
移动电话支付(近场支付)、预付卡发行与受理	风险监控要去	未对客户的交易实施有效的监控,以及对客户的异常交易没有正确的预警响应机制

2. 频率最高的一般性问题

(1) 固定电话支付

固定电话支付业务判定频率最高的一般性审查问题及其描述如表 5.2 所示。

表 5.2 固定电话支付业务判定频率最高的一般性审查问题及其描述

审查项	条款号	问题描述
会话控制	4.3.6.2	➢ 统一支付后台未对同一时间并发登录的会话进行限制; ➢ 商户系统未对单个用户的多重并发数进行限制
安全控件	4.3.2.2	➢ 目前未使用安全控件
登录访问安全策略	4.3.1.3	➢ 未对同一用户采用两种或两种以上组合的鉴别技术实现用户身份鉴别。如为外部系统,应提一般性问题

(2) 数字电视支付

数字电视支付业务判定频率最高的一般性审查问题及其描述如表 5.3 所示。

表 5.3 数字电视支付业务判定频率最高的一般性审查问题及其描述

审查项	条款号	问题描述
终端设备安全性要求	4.3.13.1	➢ 未使用指定的第三方中立测试机构安全检测通过的机顶盒或遥控器; ➢ 未提供第三方检测机构出具的电视刷卡遥控器的有效安全检测报告

续表

审查项	条款号	问题描述
安全审计报告（1）文档密级管理	5.3.6	➢ 安全审计报告内容不全面，对系统网络、主机、数据、管理等方面进行了安全审计，未包括应用系统层面的内容
风控规则	2.4.1	➢ 对风控规则的变更，没有审核和确认制度

（3）银行卡收单支付

银行卡收单支付业务判定频率最高的一般性审查问题及其描述如表5.4所示。

表5.4 银行卡收单支付业务判定频率最高的一般性审查问题及其描述

审查项	条款号	问题描述
安全审计报告（1）文档密级管理（2）	5.3.6	➢ 未提供第三方安全审计报告
登录访问安全策略	4.3.1.3	➢ 管理后台没有使用双因子方式登录； ➢ 图片验证码不属于身份鉴别技术； ➢ VPN方式不属于身份鉴别技术； ➢ 登录仅采用用户名＋口令的方式，暂无其他身份鉴别方式，并且未限制失败登录次数； ➢ 未对同一用户采用两种或两种以上组合的鉴别技术实现用户身份鉴别； ➢ 收单管理平台、商户门户平台目前未采用两种或两种以上组合的鉴别技术实现用户身份鉴别
内外网非法连接阻断和定位	4.1.4.1	➢ 在技术层面对非授权接入行为和违规外联行为尚无检测和阻断措施

（4）预付卡发行与受理支付

预付卡支付业务判定频率最高的一般性审查问题及其描述如表5.5所示。

表5.5 预付卡支付业务判定频率最高的一般性审查问题及其描述

审查项	条款号	问题描述
电子签名有效性	1.3.12.3	➢ 未使用经过认证的第三方电子签名体系； ➢ 持卡人网站和商户管理系统未采用电子签名； ➢ 预付卡管理系统未使用经过第三方认证的电子签名； ➢ 个人门户未采用电子签名技术
安全审计报告（1）文档密级管理（2）	5.3.6	➢ 被测方不具有第三方安全审计报告； ➢ 《安全审计报告》无密级，无文件编号、修订记录、文件版本号、拟制、审核和批准等相关记录； ➢ 安全审计报告，缺乏第三方机构审计，其审计报告为巡检报告，不是独立第三方部门或机构出具的安全审计报告
登录访问安全策略	4.3.1.3	➢ 系统仅采用一种身份鉴别技术； ➢ 被测方应用系统仅采用用户名加口令一种鉴别方式

(5) 互联网支付

互联网支付业务判定频率最高的一般性审查问题及其描述如表 5.6 所示。

表 5.6　互联网支付业务判定频率最高的一般性审查问题及其描述

审查项	条款号	问题描述
登录访问安全策略	4.3.1.3	➢ 未采用两种或两种以上组合的鉴别技术； ➢ 应用系统仅采用一种身份鉴别技术； ➢ 互联网后台管理系统未使用两种或两种以上组合的鉴别技术
安全控件	4.3.2.2	➢ 未使用安全控件对用户登录敏感信息进行保护； ➢ 系统中未使用支付密码，未使用安全控件； ➢ 用户登录未使用安全控件； ➢ 交易管理系统登录未采用安全控件
第三方电子认证机构证书	4.3.12.1	➢ 互联网平台使用测试证书，有效期较短； ➢ 个人未采用电子签名技术； ➢ 使用自建的数字证书，未使用第三方机构证书； ➢ 被测方对于核心电子交易业务未使用数字证书； ➢ 被测方未使用经过认证的第三方电子认证机构证书； ➢ 交易管理系统使用数字证书 Verisign，但 Verisign 证书未经工业和信息化部颁发的《电子认证服务许可证》

(6) 移动支付(远程)

移动(远程)支付业务判定频率最高的一般性审查问题及其描述如表 5.7 所示。

表 5.7　移动(远程)支付业务判定频率最高的一般性审查问题及其描述

审查项	条款号	问题描述
第三方电子认证机构证书	4.3.14.1	➢ 检测记录："未使用第三方电子认证机构证书"； ➢ 商户查询 Web 系统、个人用户 Web 系统的 Verisign 证书未获得《电子认证服务许可证》
登录访问安全策略	4.3.1.3	➢ 后台管理系统为内部系统，未对同一用户采用两种及两种以上的鉴别技术； ➢ 外部系统未对同一用户采用两种或两种以上组合的鉴别技术实现用户身份鉴别
会话控制	4.3.8.2	➢ 商户系统未对单个用户的多重并发会话数量进行限制； ➢ 未对同一用户的最大连接数进行限制； ➢ 系统在 15 分钟内没有操作自动结束会话，不能够对单个用户的多重并发会话进行限制，能够对一个时间段内可能的并发会话连接数进行限制

(7) 移动支付(近场)

移动(进场)支付业务判定频率最高的一般性审查问题及其描述如表 5.8 所示。

表 5.8 移动(进场)支付业务判定频率最高的一般性审查问题及其描述

审查项	条款号	问题描述
系统与普通用户口令安全性	4.3.1.2	➢ 检测记录未体现口令是否具有一定的复杂度
第三方电子认证机构证书	4.3.12.1	➢ 商户系统接口使用电子认证技术保证交易的完整和抗抵赖,个人门户未采用电子签名技术; ➢ 经查,未采用电子签名技术,根据评估准则,电子签名实现不符合《中华人民共和国电子签名法》规定的有效电子签名要求
电子签名有效性	4.3.12.3	➢ 商户门户使用电子认证技术保证交易的完整和抗抵赖,支付业务是未采用电子认证技术,根据评估准则,"关键业务实现未使用电子认证技术保证交易的完整和抗抵赖",拟判为一般问题

3. 频率最高的建议性问题

(1) 固定电话支付

固定电话支付业务判定频率最高的建议性审查问题及其描述如表 5.9 所示。

表 5.9 固定电话支付业务判定频率最高的建议性审查问题及其描述

审查项	条款号	问题描述
系统信息查询与分析	4.3.4.3	➢ 建议降低主机服务器磁盘空间报警阈值
QoS 保证	4.1.1.6	
登录访问安全策略	4.3.1.3	

(2) 数字电视支付

数字电视支付业务判定频率最高的建议性审查问题及其描述如表 5.10 所示。

表 5.10 数字电视支付业务判定频率最高的建议性审查问题及其描述

审查项	条款号	问题描述
口令有效期限制	4.3.1.6	➢ 个人版和商户版支付设施用户口令无定期修改要求
登录访问安全策略	4.3.1.3	➢ 个人版和商户版系统未强制用户使用第二种身份认证方式
防范软件安装部署	5.3.6	➢ 缺少文档登记号,较分散,文档格式不统一

(3) 银行卡收单支付

银行卡收单支付业务判定频率最高的建议性审查问题及其描述如表 5.11 所示。

表 5.11 银行卡收单支付业务判定频率最高的建议性审查问题及其描述

审查项	条款号	问题描述
设备登录设置	4.1.7.1	➢ 系统未对同一用户选择两种或两种以上组合鉴别技术; ➢ 网络设备未采用两种或两种以上组合的鉴别技术来进行身份鉴别; ➢ 被测方登录网络设备主要通过用户名+密码的方式进行身份鉴别,没有使用双因素方式进行验证

续表

审查项	条款号	问题描述
系统与应用管理员用户设置	4.2.1.1	➢ 两次口令鉴别不属于两种鉴别技术,故没有使用双因子方式登录主机设备
登录访问安全策略	4.3.1.3	➢ 应用系统仅采用一种身份鉴别方式; ➢ 登录终端管理系统未采用两种以上组合鉴别技术; ➢ 后台管理系统(内部)未采用两种以上组合鉴别技术进行身份鉴别

(4) 预付卡发行与受理支付

预付卡支付业务判定频率最高的建议性审查问题及其描述如表5.12所示。

表5.12 预付卡支付业务判定频率最高的建议性审查问题及其描述

审查项	条款号	问题描述
设备登录设置	4.1.7.1	➢ 网络未采用双因子方式对用户身份进行鉴别; ➢ 网络设备未对同一用户选择两种或两种以上组合的鉴别技术来进行身份鉴别; ➢ 防火墙 Juniper ISO2000 和 F5 以外的设备未采用两种或两种以上的鉴别方式
系统与应用管理员用户设置	4.2.1.1	➢ 未采用两种或两种以上组合的鉴别技术; ➢ 主机服务器登录未使用双因素技术; ➢ 未对同一用户选择两种或两种以上组合的鉴别技术来进行身份鉴别; ➢ 服务器用户和数据库用户未采用两种或两种以上组合的鉴别技术进行身份鉴别
防范软件安装部署	4.2.7.1	➢ 经查,被测方用的 Linux 系统,未安装杀毒软件; ➢ 被测方服务器 Linux 系统未安装防病毒软件; ➢ 未针对 Linux 主机安装相应版本的恶意代码防范软件; ➢ Solaris 和 Linux 操作系统未安装恶意代码防范软件; ➢ 经服务器上部署的赛门铁克恶意代码防范软件病毒库不为最新,Linux 系统未安装恶意代码防范软件,AIX 系统未安装恶意代码防范软件

(5) 互联网支付

互联网支付业务判定频率最高的建议性审查问题及其描述如表5.13所示。

表5.13 互联网支付业务判定频率最高的建议性审查问题及其描述

审查项	条款号	问题描述
系统与应用管理员用户设置	4.2.1.1	➢ 仅使用用户名口令进行用户身份鉴别,未采用两种或两种以上组合鉴别技术; ➢ VPN 应不属于身份鉴别技术; ➢ 操作系统和数据库系统均使用用户名+口令鉴别,未采用两种以上组合的鉴别技术来进行身份鉴别

续表

审查项	条款号	问题描述
设备登录设置	4.1.7.1	➢ 未选择两种或两种以上组合的鉴别技术； ➢ 检测发现单一身份鉴别； ➢ 网络设备未采用两种以上组合的鉴别技术来进行身份鉴别
防范软件安装部署	4.2.7.1	➢ 未安装 Linux 的杀毒软件； ➢ 主机未安装防恶意代码软件； ➢ 采用 Linux Ubuntu 操作系统，未安装服务器版防病毒软件

（6）移动支付（远程）

移动（远程）支付业务判定频率最高的建议性审查问题及其描述表 5.14 所示。

表 5.14　移动（远程）支付业务判定频率最高的建议性审查问题及其描述

审查项	条款号	问题描述
设备登录设置	4.1.7.1	➢ 网络设备未采用两种以上组合的鉴别技术来进行身份鉴别
系统与应用管理员用户设置	4.2.1.1	➢ 服务器和数据库用户未采用两种以上组合的鉴别技术来进行身份鉴别； ➢ 操作系统和数据库系统均未采用两种或两种以上组合的鉴别技术进行身份鉴别
登录访问安全策略	4.3.1.3	➢ 未使用双因子验证； ➢ 应对同一用户采用两种或两种以上组合的鉴别技术实现用户身份鉴别； ➢ 输入卡号和密码不能视为同一用户采用两种或两种以上组合的鉴别技术实现用户身份鉴别

（7）移动支付（近场）

移动（近场）支付业务判定频率最高的建议性审查问题及其描述如表 5.15 所示。

表 5.15　移动（近场）支付业务判定频率最高的建议性审查问题及其描述

审查项	条款号	问题描述
口令有效期限制	4.3.1.6	➢ 应用系统未对口令有效期进行限制
流量控制	4.1.2.5	➢ 未进行流量控制； ➢ 出于对用户体验的考虑，当前没有在核心网络设备和防火墙上限制网络最大流量数及网络连接数
入侵防范记录	4.2.6.1	➢ 被测方未对重要程序的完整性进行检测

二、非金机构支付业务设施技术风险分析

为方便对各类型支付业务审查问题的分析,同时尽可能准确反映支付业务设施的技术状况,我们针对各类型业务系统,按照检测审核类分别统计了审查过程中出现频率最高的三个问题;并根据支付机构不同业务规模抽选部分支付机构,整理这些支付机构审查过程中发现的代表性问题;将这些问题综合考虑作为该类型支付业务在相应审核类中的典型问题。

1. 功能问题及其影响

(1) 固定电话支付

对固话支付客户开展定期或不定期业务培训,并保留培训记录,以备核查。加强对固话支付客户的交易监控,密切关注固话系统监控报表中预警的低交易强度、大额交易、高频次交易账户,对可疑客户及时进行实地调查并以书面形式向上级机构报告调查结果,对于确实存在交易风险的客户应及时报警并拦截交易。

(2) 数字电视支付

非金融支付机构从事数字电视支付服务的机构不多,所以审查中发现的问题相对其他支付业务类型反映的问题绝对数量不多,功能方面的典型问题主要包括:1) 支付业务管理系统的电视用户查询模块、客户管理系统的数字电视卡管理的查询模块,未对数据有效性进行检查,如卡号等字段可输入英文字符;2) 目前在清算管理软件下可生成渠道交易统计表,数字财务部门根据该表进行结算,但系统中无法体现出交易是否结算;3) 支付设施仅提供了缴费类业务,不能通过数字电视完成订单撤销,但部分支付机构采用了替代方式,即可以通过登录个人支付账户完成订单删除,或根据设置的订单超时时间,到期后自动撤销。

显然不完善的系统功能必然会造成用户支付过程较差的体验,特别是客户结算功能的缺失,直接影响支付设施的风险控制功能实现,系统不对输入数据进行有效性检查,会极大地增大注入方式攻击的风险,例如 SQL 注入攻击等。

(3) 银行卡收单支付

支付设施审查中的主要问题集中在特约商户管理方面,如特约商户信息维护和黑名单管理。显然作为银行卡收单支付业务,若对特约商户不能有效管理,不仅会给用户的支付过程带来安全风险,造成正常用户的资金损失,也可能形成安全风险危及发卡行和收单行正常业务服务;对于不良商户也无法实施有效监管,近年来出现的信用卡套现等违法行为都与支付机构对商户管理不到位存在或多或少的关系。

(4) 预付卡发行与受理支付

预付卡发行与受理支付业务类型审查中的典型问题,主要体现在 IC 卡类型预付费卡的数字证书管理上。根据《非金融机构支付业务设施检测规范 第二部预付卡发行与受理》的要求,发行 IC 卡类预付卡的支付机构应建立 CA 中心,对所发行卡的数字证书进行有效管理和控制,建立有效的发卡机制和发卡系统。基于此,预付卡的有效管理和控制是支付机构自身风险控制实现的保障,而通过数字证书的管理也可以保证预付卡在支付过

程中的安全性,是 IC 卡形式的预付卡类业务安全开展服务的基础设施要求。没有有效的数字证书管理,就无法保证发卡过程的规范性和安全性,必然加大支付过程中的安全风险。

另外一个具有代表性的功能问题是统计报表缺少运行管理类报表,根据"非金融机构检测规范"的相关要求:应实现对一段时间内运行管理情况(资产、监控、安全事件等)的查询统计。支付机构在审计过程中,不能仅限于业务类型的统计报表,对运营管理类的报表也需要相同的重视程度,没有有效的运营不能获取准确的运营状态,业务的开展就会缺乏管理的依据和行动的方向。

(5) 互联网支付

互联网支付业务设施审查中存在的典型问题主要反映在客户管理方面,包括客户信息登记管理、客户证书管理以及商业银行管理等方面的问题,另外部分支付机构设施在业务处理过程的系统功能还不完善。1) 客户证书管理问题具体表现在部分支付机构虽然实现了客户证书,但客户证书缺少更新和吊销管理机制;另外还有部分支付机构的系统允许商户可选使用证书,但大部分商户是使用 MD5 算法来保证报文真实性和完整性的,显然单一使用 MD5 是无法达到安全要求的。2) 业务处理过程功能问题部分表现在:一是支付设施不支持个人申请退款,部分功能通过线下实现,功能不健全;二是部分支付机构的系统将退款与支付撤销功能混淆。3) 客户管理功能的问题主要是客户信息登记不全,而商业银行在管理上,部分支付机构没有专门的录入银行信息界面,采取直接数据库录入的方式。

互联网支付业务在诸多支付业务类型中,业务表现形式多样,服务功能相对其他业务来说也更加丰富,因此必须有基本的运营管理功能,并对用户的支付过程提供充分的功能保障。

(6) 移动支付(远程)

移动远程支付在支付领域中可谓异军突起,由于移动支付的业务模式和业务流程也处在不断调整中,创新技术和创新业务也在不断涌现,移动支付的业务功能也在探索和完善中,因此功能方面的典型问题相对比较分散。1) 客户信息修改是通过互联网访问进行修改,而非通过移动通信网络进行修改,并且存在同一账户可在多台终端同时登录;2) 部分支付机构移动支付的必测系统功能还很不完善,有较大的缺失;3) 短信支付查询没有按照时间、交易类型或者客户等交易明细信息进行查询,且能实现浏览交易明细的功能;4) 没有提供将客户支付账户与移动终端设备(如手机号码)相关联的功能,远程移动支付没有设置开通确认的功能。

2. 风险监控问题及其影响

(1) 固定电话支付

固定电话支付业务风险监控类面临的典型审查问题在于交易监控方面。究其原因,一是在于实时交易监控对开发的系统复杂度和性能方面要求比较高,系统开发有一定的技术门槛;二是这样的交易监控,会对正常的用户使用造成一定的影响,不利于培养用户的消费习惯;三是对于固定电话支付这样市场体量还不大的支付业务,支付机构对系统完善方面的投入缺乏积极性。

(2) 数字电视支付

数字电视支付设施在审查认证中,由于从业的支付机构本身就少,审查中发现的问题很难集中,只能总结部分有代表性的审查问题。主要涉及如下几个方面:1) 系统未对数字电视支付交易的交易事件进行报警,并提供对违反规则的数字电视支付交易事件的查询统计;2) 支付设施未设定黑名单并限制黑名单的交易。

(3) 银行卡收单支付

银行卡收单类型支付设施风险监控方面的典型审查问题,主要存在于交易管理方面:大额消费商户交易监控、可疑交易处理和黑名单管理等方面。对于银行卡收单类型的支付业务,由于支付机构更多的是充当支付渠道的作用,对卡用户和交易内容的风险判断缺乏直接信息依据,因此对交易监控和黑名单管理的实施缺乏理解。由于支付机构在银行卡收单业务服务中缺乏风险监控能力,当发生银行卡受理支付的重大金融安全事件时,支付机构将很难区分卡用户、发卡行、收单行之间的责任,无法对损失进行有效控制。因此银行卡受理业务的支付机构应该通过对商户的有效管理和与发卡行的及时沟通来建立商户黑名单,通过对商户业务服务类型等方面加强大额消费商户交易监控,制定可疑交易的判断准则,完善可疑交易的处理流程,从而达到对银行卡受理业务的风险监控。

银行卡收单从技术实现上在传统银行业已经非常成熟,对于非金融机构来说,与银行的密切沟通、风险信息互通是达成双赢的有效措施。

(4) 预付卡发行与受理支付

近两年来,预付卡发行与受理支付类型业务风险控制问题主要集中在联机交易风险管理方面。尽管支付机构出于商业运营的需要,为提高预付卡用户的卡使用便利性,减少支付过程中的成本,在累计消费限额和累计消费次数限制方面缺乏风险控制管理的积极性和主动性。这样的风险控制缺失会带来不可控的金融风险,一旦出现安全事件,支付机构抵御风险、减少损失的能力将是非常脆弱的。

至于终端风险管理方面,终端安全检测报告是确保预付卡受理设备安全的依据,显然不合格的卡受理设备不仅不能提供可靠的支付安全,在一定程度上还会带来新的安全威胁或风险,例如植入的木马或恶意软件等。

(5) 互联网支付

互联网环境相对于其他支付形式,面临的环境更复杂,风险相对来说更高,因此风险控制在支付过程中起到的作用尤其重要。从互联网支付设施的审查问题来看,风险控制规则方面在审查中发现的问题相对比较集中。具体存在如下情况:1) 部分支付机构缺少风险控制管理的规则记录;2) 缺少黑名单的管理功能,或者管理功能不完善;3) 支付设施不具有黑名单客户交易拒绝功能;4) 未对黑名单中客户的交易进行风险监控等。

除风险控制规则外,其他典型问题还包括:实时交易监控页面提示信息有待完善,没有明确定义需要人工审核的交易类型,缺少人工审核规则的设置,缺少人工审核的记录等。

(6) 移动支付(远程)

移动支付终端作为非金融机构设施,在移动支付的应用中承担着不可替代的作用,由于当前移动终端的开放特性,特别是Android系统灵活的开放模式,移动终端在支付过程中既是灵活开放的利器,也是安全风险的新引入源。因此加强支付风险控制将具有特别重要的意义。移动支付设施审查中典型问题可以总结为:1) 实时交易监控的信息不完善;2) 风控系统无法根据风险控制规则自动识别并处理异常交易,仅通过人工查看的方式对异常交易进行监控;3) 没有对客户进行实名制认证;4) 仍存在无须绑定手机号码与账户,通过同时发送会员卡号和密码进行支付的模式;5) 没有实现当日交易信息的查询和历史交易信息的查询;6) 支付机构已经对如退款、交易更正、特约商户开通、商户资金结算等重要的操作进行了人工审核,也在不同业务操作流程中已明确人工进行审核的要求,但没有在相关管理制度中完整、明确地定义需要人工审核的交易类型。

3. 安全性问题及其影响

(1) 固定电话支付

固定电话支付设施安全性审查类典型问题主要集中体现在应用安全、主机安全和网络安全三个方面,其他方面如数据安全、运维安全等方面审查呈现的问题不突出。

1) 应用安全审查典型问题

在对各种固定电话支付机构设施的审查过程中,典型问题主要表现在应用服务的安全防护方面,如未使用独立支付密码、未使用安全控件等和安全审计等,支付机构在安全运维方面还有可以进一步完善的空间。

2) 主机安全审查典型问题

主机安全方面审查典型问题比较突出,如主机补丁管理和漏洞扫描管理方面问题一直存在,体现出部分支付机构在支付业务设施运营管理方面不够精细,至于漏洞扫描项存在的审查问题,则是由于系统漏洞扫描对人员和工具有一定的技术要求,固定电话业务的部分支付机构技术运维能力相对还是有一定差距的。

3) 网络安全审查典型问题

对于固定电话支付,由于支付接入网络为固定电话网络,网络环境与互联网等其他网络的接入方式相对比较封闭,部分支付机构对网络安全审计的要求也显得不够重视。

随着网络互联互通,网络承载业务的多样性,PSTN网络已经不再有最初封闭环境的安全性了,网络安全审计不仅涉及业务接入,也涉及系统内网的安全审计,只有完善的网络审计才可以为业务运营者提供系统的网络状态和业务安全运营状态的审查可能。

(2) 数字电视支付

1) 应用安全审查典型问题

数字电视支付设施应用安全审查中的典型问题包括:部分支付机构支付设施没有对非法登录次数进行限制,或者内部使用的各业务管理系统没有提供登录失败处理的功能;一部分数字电视支付设施没有采用日志审计工具对应用系统日志数据进行记录、分析和报告,或者仅有数据库的记录操作日志,而在应用系统中只是提供这类日志的查询分析,并没有采用专门的日志审计工具;部分支付机构的支付业务管理系统、柜面管理系统、客服管理系统、统一用户管理系统、清算管理软件,往往都只是采用用户+密码的方式进行身份鉴别,未采用两种或两种以上的鉴别技术进行身份鉴别;数字电视支付设施的一个典型特征是采用数字电视机顶盒终端设备作为支付服务的载体。根据"非金融机构"评估准则,要求使用指定的第三方中立测试机构安全检测通过的机顶盒,而审查的情况却经常是支付机构无法提供机顶盒或电视刷卡遥控器的有效安全检测报告。

其他的问题还包括输入数据未进行有效性检查、会话并发限制问题、第三方数字证书认证等问题。从数字电视支付设施的使用环境来说,数字电视网络作为广电网络具有一定的封闭性,机顶盒终端通常也是由运营商掌控非开放的,正是由于这样的情况造成系统的脆弱且往往缺少实践的检验,而成为 APT 类型攻击的机会就更大了。

2) 主机安全审查典型问题

登录操作系统和数据库系统未采用两种或两种以上组合的身份鉴别技术;资源控制,如对数据库应用锁超时数量、死锁数量等都未进行监控;数据库管理系统未采用双因素认证方式,数据库未采用加密通信;操作系统没有安装防恶意代码软件;数据库未开启安全审计策略,故日志信息、日志权限和保护、系统信息分析以及用户操作审计均与安全要求不符。

3) 数据安全审查典型问题

从数字机顶盒到数字电视网络前端服务器间的数据通信属于数字电视专网通信,仅授权的数字机顶盒设备可接入网络,基于这样的考虑,部分数字电视支付设施的服务提供商在支付设施的部署上往往忽略数据的保护,因此审查中发现的问题常常包括:从有线电视终端(机顶盒)到电视 Web 服务器之间属于有线电视内部专网,认为数据完整性一般不会遭到恶意用户的破坏,数据传输未进行完整性保护;信息采集设备硬加密措施缺少第三方检测证明;支付设施与数字电视支付终端之间无冗余链路;部分数字电视支付设施的机顶盒采用的是 DES 而非 3DES 加密算法;一些数字电视支付机构的支付设施在提供异地备份方面也做得不够完善。

数字电视支付是利用数字电视网络接入方式实现的一种支付设施(方式),数字电视网络通常是由广电(广播电视)的网络运营商进行运营,网络的开放性并不高。由于国家三网融合的不断推进,传统数字电视网络更封闭、更安全的状况已不适用,很多数字电视网络也承载着互联网的宽带接入(Cable Modem)的服务,数字电视网络已经成为互联网的一个组成部分,不再是隔离的专网了,因此不能再把数字电视网络想象成一个安全的专用网络,安全威胁和风险与互联网无异,系统的脆弱性同样会带来直接的安全损失。

4) 网络安全审查典型问题

随着数字电视的普及,原来单向的广播电视网络已经改造成交互的双向电视网络。所以很多在数字电视网络上承载的数字电视支付设施服务,在审查中发现的问题通常也是与数字电视网络的这种渊源有关。

未对非授权设备私自连到内部网络和内部网络用户私自连到外部网络的行为进行检查,无法准确定出位置,无法对其进行有效阻断;未采用两种或两种以上的鉴别技术进行身份鉴别;部分支付机构的支付设施在网络上部署了防恶意代码的类似网关,但却没有及时更新;此外网络的审计问题也是数字电视支付设施经常存在的审查问题之一,网络未采用审计工具进行审计,或者是不能生成日志报表;未对进出网络的信息内容进行过滤,实现对应用层 HTTP、FTP、TELNET、SMTP、POP 等协议命令级的控制。

数字电视网络已经不再是传统的封闭网络了,作为宽带接入的一种常见方式(Cable Modem)在国外应用非常普及,通过有线同轴网络发起的黑客攻击早已不是新鲜的事物了,而三网融合的未来发展趋势,也再次告诉数字电视支付设施的服务提供商,在互联互通的网络时代不能单纯依赖于网络的封闭运营而放松网络安全的工作。

5) 业务连续性审查典型问题

部分支付机构的支付设施无同城应用级备份设施,数据级备份是不满足非金融机构支付设施要求的;支付设施在与支付终端的网络链路上没有采用冗余链路,也是数字电视支付设施的典型问题之一;还有的审查问题通常是未制定备份数据范围和备份频率清单,没有制定数据备份和恢复的手册等这样一些过程实施指南。

4. 银行卡收单支付

(1) 运维安全审查典型问题

银行卡收单支付类型的支付设施在运维安全审查过程中典型问题主要体现在:监控过程对网络、主机服务器和应用方面记录问题要么没有真正落实,要么缺乏有效管理监控记录,要么监控指标项不完整,达到不到监控力度。

运营安全问题虽然并不是直接影响支付设施正常服务的技术问题,但运维保障措施的缺失,对支付机构来说潜藏的风险影响更大,特别是在支付设施出现故障时,要么无法及时发现问题,要么无法定位问题的原因,更严重的情况下可能会造成系统安全风险来自内部攻击,而缺乏应对措施。

(2) 应用安全审查典型问题

在审查过程中,应用安全方面的典型问题主要体现在认证鉴别和资源控制方面,最突出的问题是未使用有效的电子签名而以 HASH 算法类似的算法替代,登录访问未使用两种以上组合鉴别方式。单散列算法在完整性验证方面与其他的安全算法相结合能达到一定的目的,但是单依赖于散列算法自身是无法保证抗抵赖性风险的。

另外,资源控制是保证应用服务可用性的主要措施,只有对系统资源包括网络资源、计算资源、存储资源等进行有效的管理,确保资源的正常使用和释放,并能对资源的消耗进行监测,才能有效地阻止和预测服务可用性方面的风险,例如 DoS 攻击等。

此外,比较突出的安全问题是 Web 页面的安全问题,如页面跨站脚本攻击和数字证书使用问题。从银行卡收单支付设施来说,支付过程有时不需要 Web 服务,但是对于类似商户自助管理方面的业务系统往往采用 Web 服务,从认证审查过程中发现的问题来看,很多支付机构在系统建设过程中往往没有重视这方面的问题,而这样的问题将会造成支付机构无法对商户进行有效管理,跨站脚本防范问题和服务器数字证书没有正确落实不仅可能造成 Web 服务客户的利益损害,对支付设施自身特别是风险防控也带来不可控性。

(3) 主机安全审查典型问题

主机安全方面的审查典型问题是漏洞扫描的问题。漏洞扫描对支付机构来说,不仅需要专业工具和人员来实施,更重要的是漏洞扫描后主机安全漏洞的修复和加固,显然后者是支付机构符合性检测中比较难以达到的。主机方面的安全风险往往具有极大的破坏性,一旦入侵行为不能及时发现和阻止,系统漏洞不能及时发现和修复,来自于系统内外的攻击会充分利用主机或数据库系统暴露的漏洞实施攻击,损失将直接涉及主机所承载的应用服务和数据,甚至威胁到其他服务器和应用。

(4) 数据安全审查典型问题

银行卡收单支付数据安全涉及银行卡用户的私密信息保护、交易信息保护、交易记录信息保护等，支付机构对数据安全承担了极高的数据安全责任。从审查问题来看，数据安全主要体现在对交易数据和客户数据进行备份方面，部分支付机构在异地备份方面不能满足要求，或者备份数据缺少定期恢复机制，这都将影响系统数据的灾难恢复过程。此外，数据管理制度的落地（数据销毁记录）和数据物理存储环境问题成为审查关注点。部分支付机构通常关注于系统线上数据的安全性，对于备份数据的保护关注不够，数据生命周期的管理也不到位，通常源于备份数据的系统脆弱性，往往危害程度不亚于生产线上的数据，而且对于具有恶意目的的攻击者来说，对备份数据的攻击成本往往要低。因此从支付机构对数据安全有效保护的角度来说，安全防护应该是完整体系的，短板将使所有努力功亏一篑。

(5) 网络安全审查典型问题

在网络安全方面，银行卡收单业务支付设施在审查过程中出现的典型问题，主要还是体现在非法内接和非法外连，另外恶意代码防范问题也始终是该领域内一直存在的问题。显然在运营管理中，部分支付机构对网络边界的防护落实不到位或管理不严，并没有将网络安全的制度或措施贯彻始终。网络是支付设施核心组件防护最重要的屏障之一，也是最有效且相对经济的措施之一。网络安全防护是一个体系化的防护，任何一个措施的短板都会造成整个网络防护体系的失效。在审查过程中发现的非法内接和外连来说，如果内网存在不受管理的 WiFi、拨号接入这样的网络连接，支付设施在网络边界上实施的所有防护措施如同虚设；同样防恶意代码和防病毒网关等对特征库的依赖性比较大，特征库不能及时更新，对于新出现的病毒和恶意代码就不能有效过滤，威胁将直接通过网络影响到核心业务系统和业务数据，对支付机构自身和支付服务用户来说可能的损失都是无法估量的。

(6) 业务连续性审查典型问题

对于银行卡收单业务，业务连续性典型审查问题主要体现在灾备机房（备份机房）相关问题方面。根据《非金融机构支付业务设施检测规范》的要求，不仅需要网络和服务器等设备备份，还需达到应用级备份要求。各支付机构审查问题都相对集中在无法达到应用级别的备份上，另外是备份机房的安全措施无法达到安全要求。应用级别的备份并不是简单对数据实现异地备份就达到要求，需要具备在主机房无法提供正常业务服务的情况下，能快速切换到灾备机房并独立提供业务服务。应用级别的灾备相对难度比较高，投资比较大，对支付机构来说需要克服一定的困难来实现。

5. 预付卡发行与受理支付

(1) 运维安全审查典型问题

预付卡发行与受理支付业务发现的典型问题包括未对介质归档和查询等进行登记记录，未对安全教育和培训的情况与结果进行记录并归档保存，缺少培训、考核记录等问题。部分支付机构在人员培训方面虽然比较积极，但往往不重视过程记录，这样的培训过程往往缺少体系，培训效果不一定能达到预期目标，也无法形成企业的技术积累。

(2) 应用安全审查典型问题

在应用安全审查方面,预付卡发卡与受理业务的部分支付机构设施比较常见的审查问题有:关键业务未使用电子认证技术,安全控件没有提供检测报告,门户系统没有采用数字证书,支付设施没有设置口令有效期等。这些问题主要出现在支付应用中商户管理和用户管理等对外服务系统的登录与数字认证方面,系统没有安全可靠的登录解决方案,没有强壮的认证方式,支付设施将具有严重的系统脆弱性,不仅危害支付机构的正常运营,还会严重威胁用户的支付安全。

(3) 主机安全审查典型问题

主机安全方面审查典型问题主要体现在如下几个方面:1)系统主要通过网络防火墙实现入侵防范,主机层面无软件防火墙和入侵检测软件,例如 Linux 主机未安装杀毒软件;2)未对重要程序的完整性进行检测;3)资源监控与预警不够翔实,例如对数据库应用锁超时数量、死锁数量等都未进行监控;4)服务器和数据库管理系统存在部分漏洞,例如本地容灾服务器存在 Rexecd 服务器启用漏洞,两台数据库服务器存在 Rexecd 服务器启用漏洞,备份服务器存在 Windows 终端服务启用和 SMB 登录测试漏洞,日志服务器存在 Windows 终端服务启用漏洞。

(4) 数据安全审查典型问题

数据安全方面的典型审查问题主要是对交易数据以及客户数据进行异地备份,部分预付卡发卡与受理业务的支付机构存在备份制定不完善(例如,未提供明确数据的备份和恢复策略)或异地备份条件不符合要求(备份网络不畅通、备份机房设施欠缺等)。此外,数据备份与恢复在审查中出现的问题还有备份数据恢复的有效性验证频率偏低等建议性问题。

此外,数据安全审查中发现的典型问题还包括数据的加密存储,从审查过程来看,部分支付机构并没有对所有敏感信息进行存储加密,例如部分支付机构的系统在数据库中并未对磁道信息进行加密保存。另外,主要数据处理服务器未采用冗余链路也是一些支付机构设施在审查过程中经常发现的问题。

数据安全特别是交易数据和客户数据,涉及支付机构的信用和用户的资金安全,备份机制若不完善或者无效,将无法达到系统设计的灾难恢复目标,同样备份数据与在线系统的数据同样重要,安全防护更不能忽视。

(5) 网络安全审查典型问题

网络安全审查典型问题主要存在于网络边界安全防护、恶意代码防范和网络的访问控制等方面。具体有如下常见问题:1)边界完整性防护上未对非法连接进行有效阻断;2)网络层面无恶意代码防范措施,无法在网络边界处对恶意代码进行检测和清除;3)目前各个内部网段之间和进出互联网的流量没有进行区分,并未对重要的流量定义 QoS 策略;4)业务接入区、核心区网络设备没有对网络最大流量数和网络连接数进行限制;5)网络设备未对同一用户选择两种或两种以上组合的鉴别技术来进行身份鉴别。

预付卡发卡与受理业务设施审查常见问题造成的风险是支付业务设施网络由于缺乏有效的恶意代码防范措施,通过网络途径传播的恶意代码和攻击行为不能被及时发现和阻止;业务网络缺乏必要的流量规划,也会给将来业务的发展带来影响,同时针对突发性业务流量缺乏有效的应对,针对来自网络方式的 DoS 攻击也无法有效地控制其影响。

(6) 业务连续性审查典型问题

业务连续性审查典型问题中最普遍的问题是支付设施无(同城)应用级备份设施,同样的问题也带来了不具备应用级恢复预案的问题。与备份相关的问题还包括支付设施未制定备份数据范围和备份频率清单等。

而网络双链路对支付设施要求比较高,要求提供不同网络运营商的接入链路,不少支付机构的业务设施也没有达到要求。

由于支付业务对业务连续性安全的要求相对于其他普通信息系统来说要高,普通数据级的灾备很难满足支付业务需要的灾难恢复要求,单一网络运营商的接入也给业务安全稳定的服务接入造成单点故障,因此最大限度地保证网络和业务服务及数据的冗余是保证支付业务连续性的基础。

6. 互联网支付

(1) 运维安全审查典型问题

互联网支付业务部分支付机构系统在运维安全审查中存在的典型问题是:1) 主机的管理员存在职责兼任的情况,部分支付机构没有实现有效的职责分离;2) 部分支付机构网络设备和主要服务器监控记录、报警方式和报警等记录缺失或不完善;3) 部分支付机构在实施变更管理时缺少实施记录,没有实施人员通告记录;4) 部分支付机构未进行安全事件的分类和分级管理;5) 未制定演练计划,未根据不同的应急恢复内容,确定演练的周期。

在支付机构审查过程中其他常见问题还有:无设备操作规程文档和设备使用规范文档,未将设备选型、采购、发放等的相关设备安全管理流程形成制度文件。安全教育和培训缺少具体要求,培训无考核记录等。从支付设施运维的角度看主要是建议性问题居多,说明互联网支付机构在运维安全管理上相对都已经做了很多工作,若是相关工作能做得更精细就更完善了。

(2) 应用安全审查典型问题

在审查中,互联网支付业务设施的典型问题主要在相关认证鉴别和资源管理方面。根据《非金融机构支付业务设施检测规范》的要求,支付机构的业务系统在公网提供用户登录、支付服务时,应采用第三方提供的数字证书,并使用经第三方检测机构出具检测报告的安全控件等要求。而部分支付机构的支付设施往往存在如下问题:1) 部分支付机构的应用系统仅采用用户名+口令的方式进行身份鉴别,未对同一用户采用两种或两种以上组合的鉴别技术实现用户身份鉴别;2) 面向公网的业务管理系统未使用第三方提供的数字证书,而内部未使用电子签名技术(非必需第三方提供);3) 部分支付机构业务系统登录和支付未采用安全控件,或者无法提供第三方检测机构的检测报告;4) 部分支付机构在会话管理上未采用会话超时终止机制,同一账户多重并发会话未进行限制。

其他问题还有涉及无连续登录失败处理机制、密码有效期未做管理、Web 页面缺少防篡改、防钓鱼措施等。互联网支付业务面对的网络环境相对比较复杂,支付设施面对的威胁繁多且更容易实施,支付设施自身的脆弱性更容易暴露。因此互联网上存在的所有安全攻击方式都可以施加到支付设施上,而支付设施自身的特点更容易使其成为目标,因此有效的认证鉴别机制、资源控制、Web 页面防护等都是互联网系统最基本的安全防范措施。

(3) 主机安全审查典型问题

许多互联网支付业务设施的主机服务器采用类 UNIX 的系统非常普遍，部分支付机构基于以往的认识：类 UNIX 的系统相对 Windows 系统要更安全，往往会疏忽类 UNIX 系统防范软件的部署。随着类 UNIX 系统的应用越来越广泛，基于类 UNIX 环境的病毒、恶意软件和木马程序也逐渐增多，领域内的安全事件也不时发生，因此主机安全防范特别是类 UNIX 系统的主机防护软件的部署同样必不可少。由于类 UNIX 系统的防护软件相对于 Windows 系统较少，部分支付机构虽然部署了相应的主机防护系统，但相应的引擎软件或特征库等没有及时更新，系统的安全性无法得到及时有效的安全防护，给系统造成极大的安全风险。

除了主机防护软件的部署问题外，互联网支付业务设施在审查过程中发现的典型问题还包括：1) 服务器系统或数据库系统未采用两种以上组合的鉴别技术进行身份鉴别；2) 服务器系统和数据库系统未开启审计功能；3) 部分支付机构支付设施操作系统日志本地存放，未提交日志服务器；4) 部分支付机构对系统日志和操作日志未进行定期分析，或缺少相关报告；5) 部分支付机构的服务器系统和数据库系统未及时安装补丁程序，造成漏洞扫描测试无法通过；6) 其他问题如 root 用户未禁止、没有对重要程序进行完整性校验等。

(4) 数据安全审查典型问题

在互联网支付业务设施审查中，常见问题主要集中在交易数据以及客户数据的安全性方面，具体表现在：1) 鉴别信息和重要业务数据未进行加密传输，重要数据没有建立访问控制的管理制度且无访问记录；2) 无实时在线的存储备份设备、无异地备份机房和设备或者备份机制未建立；3) 无定期备份恢复验证机制，例如部分支付机构只有在商户需要或在搭建新的测试环境时才恢复备份数据进行验证，还有的问题表现在备份和恢复流程没有形成相应较具体的操作手册。

审查中数据安全相关的问题还有部分支付机构在系统中保存了用户信用卡 CNV2 等信息。

(5) 网络安全审查典型问题

网络安全是互联网支付业务设施安全性最重要的内容，在非金融机构认证审查中，网络安全的典型问题主要涉及以下几个方面：1) 在部分支付机构业务系统中，网络设备未采用两种以上组合的鉴别技术来进行身份鉴别；2) 对网络设备的访问，例如路由器和交换机等，采用 Telnet 这样不安全的方式进行远程管理，也没有对失败的登录次数进行限制；3) 部分支付机构业务网络未配置 QoS 保证策略以实现带宽优先级分配；4) 业务系统网络未设置网络最大流量数，或者没有对业务并发连接数进行限制；5) 未进行网络安全域的划分或者访问控制策略不完善，部分支付机构的网络拓扑图未更新，访问控制粒度没有达到端口级；6) 网络设备未实施权限分离，例如部分维护人员一人身兼多职，未形成权限的约束等。

(6) 业务连续性审查典型问题

互联网支付业务设施在业务连续性上存在如下两个方面的问题。

第一,备份与恢复管理方面的问题,包括:1) 不符合定期恢复验证的要求,例如部分支付机构只有在商户需要或在搭建新的测试环境时才进行备份数据恢复验证;2) 部分支付机构无法提供备份记录和定期恢复测试记录;3) 未提供数据备份和恢复手册,数据库的备份和恢复缺乏规范的操作步骤;4) 未制定明确的灾难恢复时间和恢复点目标。第二,日常维护方面的问题,包括:1) 业务连续性缺少演练记录;2) 相关人员的培训缺乏周期性培训要求。

7. 移动支付(远程)

移动支付还是一个不断创新的支付业务模式,它的支付模型和交易流程会随着其新技术实现方法的采用、服务模式的创新而不断变化。同样,移动支付的审查认证也必须是一个不断满足市场需求及时完善和修正的过程。随着中国人民银行发布的"移动金融支付标准"的推出和广泛采用,针对非金融机构从事移动支付的审查认证也需要适时地推出满足"标准"检测规范,当然非金融机构毕竟区别于金融机构,如何才能更好地贯彻监管部门对支付行业的标准落地,同时又兼顾非金融机构自身的行业特色,还需要认证检测机关与支付机构通力合作,对移动支付进行更深入地研究。由于新的非金融机构的移动支付相关要求和检测规范都还处在修订和完善之中,为了贯彻监管部门技术引导,新版本的规范参考了中国人民银行的"移动支付标准",这与过去"非金融机构移动电话的规范和标准"都有了很大的变化,特别是安全性部分的内容规范,为保证今后检测机构和支付机构对新规范的理解的一致性,这里不再对过去依据非金融2.0版本发现的问题进行深度分析,仅列出相应的审查问题供参考。

三、审查问题产生因素分析

1. 机构技术能力原因

(1) 特定类型的支付应用要求技术具有跨多领域特点

从非金融机构从事的支付业务类型来看,很多支付业务不仅需要支付机构对金融支付有深刻的理解,即使在IT领域内支付机构也涉及将多个应用领域的融合,例如移动支付、数字电视支付等需要将移动通信技术或数字电视技术与金融支付的需求相结合。这种交叉学科的技术应用要求,往往限制了支付机构在支付设施建设中所能达到的技术要求。

通常情况下,从事特定IT应用领域内的机构,如移动(数字电视)运营商或其系统开发提供商,往往对移动通信系统的技术实现、移动通信的服务提供理解比较深刻,但是对于金融支付却往往经验欠缺,对金融支付的业务过程、服务模式、系统架构都积累不足;反之金融领域内各类机构同样对通信领域内的服务模式和技术架构显得比较陌生,由于缺少领域互通的人才和经验支付设施的开发建设往往不能一步到位满足行业规范要求。

支付业务类型日新月异,支付设施实现技术路线也千差万别,无论是有传统金融支付经验的机构还是有传统IT行业经验的机构,在推动非金融机构支付设施状况不断完善的道路上,都需要一个不断磨合的过程。

由于这样的支付业务类型本身对技术门槛要求比较高,甚至部分业务类型的受众范围也比较窄,例如数字电视支付业务等,很难形成市场和技术的良性循环(市场推动技术的革新,技术反过来促进市场的发展),因此在这种环境下的支付机构支付设施的技术完善进步相对会比较缓慢。

(2) 对技术要求的理解不到位

非金融机构支付业务设施技术认证本身是符合性认证,由于非金融机构从事金融支付的服务时间不长,部分非金融支付机构进入金融领域时间较短,对"非金融机构支付设施认证技术要求和检测规范"的理解不深,支付设施在设计和建设阶段缺少"非金融规范"的遵循,在这样的条件下建设开发出来的支付设施与"非金融技术要求"存在差距。

另外,部分非金融支付机构虽然对"非金融技术要求"进行了研究,但理解往往还是从传统IT行业的技术要求进行认识,在支付设施开发建设中并没有严格贯彻"非金融规范"的技术要求。例如,部分支付机构在支付设施建设中,对于灾难备份往往理解为传统IT行业的数据级备份,而金融领域的要求是"应用级灾备"。显然类似这样对"非金融规范"理解上的偏差,都会造成支付机构在审查中问题的出现。

(3) 部分支付机构快速扩张,对技术的理解和风险的认识不足

非金融机构从事金融支付服务是一个较新的事物,随着我国互联网和电子商务的飞速发展,已经从事或有意从事金融支付服务的非金融机构越来越多,市场竞争日趋激烈。特别是部分早期就进入电子商务领域的机构,已经积累一定的资本和技术能力,在开展金融支付服务时起点相对于其他地方或微小支付机构形成强大的竞争优势。对于部分规模不大的支付机构要在如此惨烈的市场竞争中保留地位,就需要在少数"寡头"支付机构染指其支付领域或地区之前,进行快速地革新或扩张。其结果必然是支付设施"非金融规范"符合性建设工作让位于系统或服务的创新以及服务的快速部署。

由于部分支付机构为达到市场竞争目的,快速推出革新的支付服务,为追求技术的优势对新技术进行快速部署,造成了部分支付机构对创新的支付服务类型缺少深入研究,交易模型和流程没有经过缜密的设计,新技术没有真正理解,对金融支付过程中可能的风险估计不足,风险管控不完善,因此支付设施在风险监控、运维管理和支付设施安全性方面存在这样或那样的瑕疵,在"非金融"的认证审查工作中就会发现各种类型的问题,影响支付机构的"非金融"认证通过。

(4) 部分支付机构技术力量不足,采用外购或外包方式,可控能力较弱

由于非金融机构开展金融支付业务时间不长,部分支付机构看到该领域内无限的市场前景,但由于自身技术和研发实力的限制以及对进入市场的迫切愿望,通常会采取技术方案外购或外包的方式。

支付设施技术方案外购或外包的方式虽然能快速解决支付机构因技术研发实力的限制从而实现快速市场部署,但缺少规范的外购或外包,将会给支付机构的系统建设带来各种隐患或无法满足"非金融规范"要求。例如:1) 委托方缺少质量控制对外包的支付设施带来风险;2) 受托方缺少资质或缺少金融支付设施开发经验带来风险;3) 由于采用外购

或外包方式,支付机构对支付设施了解不深,运维保障能力有不利影响;4)部分外购已经产品化的支付设施,并不一定依照"非金融规范"的要求进行设计开发。

外购或外包的方式是非金融支付机构快速进入金融支付市场的理想方式,显然缺乏规范管理的外购或外包,同样也会给支付机构的支付设施带来各种问题,在非金融机构审查认证工作中,这些问题都会很明显地突显出来。

(5)部分支付机构从事支付业务开发经验不足

对部分支付机构来说,支付业务是新的领域。虽然金融行业所采用的 IT 技术与传统行业的 IT 技术差别不大,但技术的应用方式和应用场景金融行业还是有自身的特色,特别是在风险监控和安全性方面的要求与传统 IT 行业并不是完全一样的。如何能将传统 IT 技术应用于金融行业,需要支付机构及其系统提供商对金融行业系统的特色有着较深刻的认识和理解。

2. 机构管理能力原因

(1)部分支付机构从事支付业务运营管理经验不足

作为非金融支付机构,相对来说部分支付机构对金融支付业务还不太熟悉,对金融领域的信息系统的运维和管理、对金融支付业务的运营都还缺少经验积累。部分支付机构对金融支付信息系统的业务管理还沿袭传统 IT 行业的管理方式,传统 IT 行业由于其业务服务的特点。首先,传统 IT 服务受众范围具有明显的地域性、领域性或者人群适用性;其次,传统 IT 服务的服务可用性和安全性通常是没有金融领域的信息系统要求高的;最后,金融领域的信息系统都有着明确的国际、国家和行业标准或规范,而传统 IT 行业通常是缺乏类似约束的。

因此,与金融领域内的信息系统管理比较,刚进入金融支付领域的部分非金融支付机构在管理模式上相对粗放,自动化的 IT 管理手段不足,大规模业务处理能力和应对能力不足,高级别的灾难恢复处理能力都有所欠缺。

(2)部分支付机构运维管理存在能力方面的限制或不重视

由于金融支付业务关系到国计民生,金融支付业务的安全事件社会影响范围大,因此国内外包括金融行业都对金融领域内的信息系统的设计开发、建设与运营制定了标准和规范。从事金融行业机构的门槛比较高,与传统 IT 信息服务行业比较,运维管理水平高,运维管理标准而规范,运维管理信息自动化水平也高。

部分非金融支付机构,特别是来自于传统 IT 信息服务行业的支付机构,要达到金融领域信息系统运维管理水平,就必须要增大运维管理的投资力度。部分非金融支付机构相对于金融行业的机构,无论是资本投入能力和管理运维能力都是有明显差距的,按照金融机构的要求或"非金融规范"的要求都显得力不从心。特别是部分支付机构所开展的支付业务类型,受众范围和市场接受度都不高,支付机构已经在业务系统上进行了规模投资,更重视的是如何将业务推广出去产生市场回报,而在运维管理上投入重视程度不高。

3. 其他原因

除了支付机构自身技术和管理方面的能力限制造成认证审查问题外,市场的监管不足也是问题产生的原因之一。总体来说,通过非金融机构支付设施技术认证工作的开展,中国人民银行对非金融支付机构支付牌照的总体把控,都为非金融机构的支付业务市场规范有序发展创造了条件。

但是作为信息化的金融支付业务来说,随着信息化技术的突飞猛进,不仅影响了人们的生活方式和生活节奏,还影响了人们通过信息化渠道实现的消费习惯。作为非金融支付机构,对市场的敏感度比较高,再加上自身体量相对于金融机构小因而转型比较快,能很快根据市场的变化提供差异性的信息化服务,例如 QR Code 等支付方式。从认证审查的角度来说,对新兴的业务类型研究相对滞后,技术规范更新不能实时保证市场的新需求,这样就存在用老的"非金融规范"用于新兴支付业务类型,问题就有可能显现出来。

中金国盛认证中心目前正在积极研究新的支付模式和新的支付技术,不断探索认证服务模式,积极配合监管部门,与各支付机构和检测机构共同努力,推动从事支付服务的非金融机构在支付设施的技术水平和服务水平上稳步提高,维护支付市场的稳定与健康发展。

四、支付机构申请非金融认证的建议

1. 安全技术方面增加创新投入

非金融支付机构在支付业务的市场中面临着巨大的竞争压力,加大机构在支付领域里的技术创新和服务创新,是非金融支付机构赖以生存的条件。支付机构在积极开展创新工作时,应该努力在服务的便捷、低廉和安全三个方面进行适当的权衡,便捷和低廉是市场的直接驱动,但安全则是服务市场的长久之计,在服务创新的同时应该加大安全技术方面的投入。

2. 积极参加相关技术交流活动

非金融认证的检测和审查是一个符合性的检测与认证过程,非金融的相关规范和标准本身也会根据市场的发展、检测认证工作的完善、监管的需要等进行必要的修订,支付机构应该积极参与监管部门和认证机构组织的技术交流、培训活动等,不仅要理解新的检测规范和标准,同样也要领略市场监管的目的和认证发展的趋势,促进服务和技术的发展既满足当下的需要又具有一定程度的前瞻性。

3. 加大与监管部门和认证机构的沟通

非金融机构从事的支付市场,在国民经济中具有极为重要的地位,市场的健康发展不仅需要支付机构的自觉自律,也需要监管部门的市场监管指导,而作为认证机构则是将监管部门的监管指导通过市场化的方式进行具体体现。因此,支付机构在市场服务过程中,特别是在创新服务的开发过程中,及时与监管部门、认证机构进行沟通,对新的事物共同研究、共同论证,彼此达成一致的理解并取得共识,这将非常有利于支付机构市场激烈竞争中的规范性发展。

4. 增加业务连续性投入并提高运维管理能力

从非金融认证审查中发现的问题来看,审查中发现的问题涉及运维管理方面相对比较突出,这些问题也是支付机构相对比较容易整改的,因此加强支付机构自身的运维管理能力,特别是能真正理解金融行业的运维管理需求,将可以极大地带动支付机构的顺利发展。

5. 抓好外包质量控制

无论是开发外包还是运维外包,对于从事支付服务的非金融机构来说,外包的质量是核心因素之一。建立完善的外包管理体制,将极大地带动支付机构的技术服务水平。

第五节 跨境支付政策与风险

一、跨境支付的概况

近年来,国际支付机构也在通过电子支付渠道抢占我国的市场,以美国 PayPal 为代表的跨国电子支付服务巨头通过各种渠道和方式,变相进入中国市场,业务扩张明显。同时,2012年7月16日,世贸组织裁定中国银联存在部分垄断,中国面临开放国内电子支付服务市场的巨大压力。在国内方面,多家支付机构希望跨出国门参与国际竞争。

为规范和便利个人与机构进行跨境外汇互联网支付,帮助培育我国外贸新增长点,2013年2月,外汇局发布了《国家外汇管理局综合司关于开展支付机构跨境电子商务外汇支付业务试点的通知》(汇综发〔2013〕5号,以下简称"5号文"),决定在北京、上海、杭州、深圳和重庆五个城市先行开展支付机构跨境电子商务外汇支付业务试点。允许参加试点的是为电子商务客户办理跨境收付汇和结售汇业务的第三方支付机构。

2013年9月,国内17家支付机构获得外汇局核准,跨境电子商务外汇支付业务正式拉开帷幕。2014年下发第二批5家支付企业。2015年国家外汇管理局正式发布了《国家外汇管理局关于开展支付机构跨境外汇支付业务试点的通知》和《支付机构跨境外汇支付业务试点指导意见》。

截至目前,共发放28张跨境支付许可,区域主要集中在北京和上海。其中北京10家,上海9家,浙江3家,深圳2家,重庆1家,江苏1家,海南1家,成都1家,具体如表5.16所示。

表5.16 截至2015年外管局共发放28张跨境支付业务许可证

序号	公司名称	范围	地区
1	汇付天下	货物贸易、留学教育、航空机票及酒店住宿	上海
2	通联	货物贸易、留学教育、航空机票及酒店住宿	上海
3	银联电子支付	货物贸易、留学教育、航空机票及酒店住宿	上海
4	东方电子支付	货物贸易	上海
5	快钱	货物贸易、留学教育、航空机票及酒店住宿	上海
6	盛付通	货物贸易、留学教育、航空机票及酒店住宿	上海
7	环迅支付	货物贸易、留学教育、航空机票及酒店住宿	上海

续表

序号	公司名称	范围	地区
8	富友支付	货物贸易、留学教育、航空机票及酒店住宿	上海
9	财付通	货物贸易、航空机票及酒店住宿	深圳
10	易极付	货物贸易	重庆
11	钱宝科技	货物贸易	深圳
12	支付宝	货物贸易、留学教育、航空机票及酒店住宿	浙江
13	贝付科技	货物贸易及留学教育	浙江
14	易宝支付	货物贸易、留学教育、航空机票、酒店住宿、国际运输、旅游服务、国际展览	北京
15	钱袋宝	货物贸易、留学教育、航空机票及酒店住宿	北京
16	银盈通	货物贸易、留学教育、航空机票及酒店住宿	北京
17	爱农驿站	货物贸易、留学教育、航空机票、酒店住宿、国际运输、旅游服务、国际展览、软件服务	北京
18	首信易支付	货物贸易、留学教育、航空机票、酒店住宿、国际会议、国际展览、软件服务	北京
19	北京银联商务	货物贸易、留学教育和酒店住宿	北京
20	网银在线	货物贸易、留学教育、航空机票及酒店住宿	北京
21	拉卡拉	货物贸易、留学教育、航空机票、酒店住宿、旅游服务、国际展览	北京
22	资和信	货物贸易、留学教育、航空机票及酒店住宿	北京
23	联动优势	货物贸易、留学教育、航空机票、酒店住宿、旅游服务、国际展览、通信服务、国际运输及软件服务	北京
24	连连支付	货物贸易、留学教育、航空机票、酒店住宿、旅游服务	浙江
25	网易宝	货物贸易、留学教育、航空机票、酒店住宿	浙江
26	易付宝	货物贸易、留学教育、航空机票、酒店住宿	江苏
27	海南新生	货物贸易、留学教育、航空机票、酒店住宿、国际贸易物流、旅游服务、国际会议会展	海南
28	摩宝支付	货物贸易	四川

目前,我国跨境电商平台企业已超过5 000家,境内通过各类平台开展跨境电子商务的企业已超过20万家,跨境电子商务正成为外贸产业中的一匹黑马。据海关总署统计,2015年,我国跨境电子商务交易额已达5万亿元。跨境电子商务出口和进口同比分别增长了4.9倍和16倍。商务部预测,2016年中国跨境电商进出口贸易额将达6.5万亿元,如图5.1所示。中国民众对跨境电商、出境旅游、留学等跨境业务的需求不断增加。

二、跨境支付的业务类型

按照商业模式和资金流向,互联网渠道跨境电子商务主要可以分为两类:一是付款人在境内而收款人在境外;二是收款人在境内而付款人在境外。

第一种业务类型是跨境代付业务,如图5.2所示。跨境代付业务俗称境外收单业务,

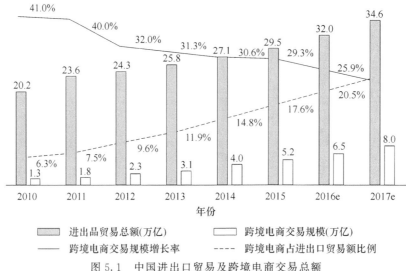

图 5.1 中国进出口贸易及跨境电商交易总额

即境内用户通过国际性的电子商务信息平台购买境外商品和服务,支付机构集中代境内用户付汇。结算币种根据境内用户的选择收取人民币或外币,如果收取的是人民币,再集中购汇并支付给境外商户。其具体流程如图 5.3 所示。按照 5 号文的规定,支付机构办理此类业务,须与境内银行合作,开立外汇备付金账户,并通过该账户办理跨境资金的集中支付;而境内合作银行则须根据支付机构提供的交易明细,将集中收付的资金按照现行外汇管理规定进行结售汇和国际收支逐笔还原申报。

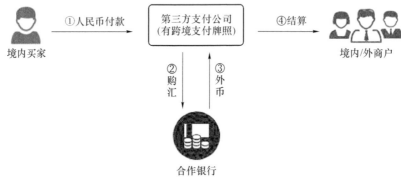

图 5.2 跨境代付业务示意

① 登录境外网购平台、选购商品(境内消费者登录境外网站确定要购买的商品或服务,并下订单)。

② 商品信息(境外电商将消费者的订单即商品消息发送给第三方支付)。

③ 获取认证信(第三方支付在获取境内消费者认证信息)。

④ 输入认证信息,选择人民币支付方式,确认支付(境内消费者输入信息并选择支付方式)。

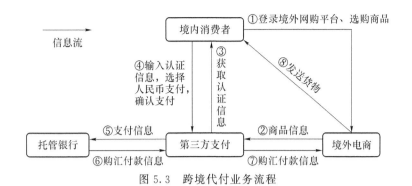

图 5.3 跨境代付业务流程

⑤ 支付信息(第三方支付将支付信息发给托管银行)。
⑥ 购汇付款信息(接收托管银行的购汇款信息)。
⑦ 购汇付款信息(境外电商收到第三方支付的购汇款信息)。
⑧ 发送货物(向境内消费者发送产品和有关服务)。

以上过程看似过程烦琐,但所有信息通过网络传输与计算机识别,速度很快,购物者感觉不到具体的每个环节,体验较高。

长期以来,"海淘"族主要依靠 Visa、万事达、运通等境外卡组织提供资金结算方式,第三方支付机构开展跨境电子商务外汇支付业务试点的本质,是在外卡组织提供的结算渠道以外,推出了一条由境内第三方支付机构提供的支付结算通道。这需要第三方支付机构在海外开展大量的商户拓展工作,这种拓展可以依靠第三方支付机构及其母公司的资源,也可以通过与境外相关机构合作实现。例如,银联电子支付可以依靠其母公司中国银联的关联公司银联国际原有的海外人民币银行卡收单资源开展此项工作。

第二种业务类型是跨境代收业务。跨境代收业务俗称外卡收单业务,即境内商户通过国际性的电子商务信息平台联系国外的买家并出售商品,支付机构集中代境内商户收汇,并根据境内商户结算币种的选择,向其支付外汇或代理结汇并支付人民币。其具体流程如图 5.4 所示。与跨境代付业务相同,支付机构办理此类业务须在境内合作银行开立外汇备付金账户,并通过该账户办理跨境资金的收结汇,同时向银行提供集中收汇的交易明细;银行则须根据明细进行国际收支和结售汇的逐笔还原申报。

资金出境:

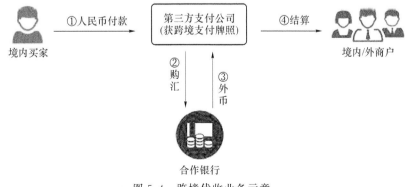

图 5.4 跨境代收业务示意

跨境代收业务满足了中小微客户对国内商品的采购需求,包括海外留学生境内网站购物、海外商户境内网上批发采购小商品等。尽管跨境代收业务已经拥有一定的市场规模,但远远小于"海淘",长远来看,此项业务对于推动中国商品出口、实现中国网上交易平台国际化、实现物流平台国际化、实现支付平台国际化都具有重要和积极的意义。

三、加强跨境支付业务监管

为了支持和规范跨境电子商务与支付机构跨境业务发展,试点政策在一定程度上突破了现行外汇管理规定,具体体现在以下几个方面。

1)用户实名制管理要求。支付机构跨境电子商务外汇支付业务用户仅限境内个人和境内机构,采取实名认证制,严格审核用户身份信息的真实性,并核验用户银行支付账户开户人信息与客户身份信息的一致性。此外,支付机构可自主发展境外特约商户,但须按照"了解你的客户"原则保证境外特约商户的真实性、合法性,并对境外商户引发的交易风险承担责任。

2)真实交易背景要求。支付机构只能对真实跨境电子商务交易(货物贸易及部分服务贸易)提供跨境外汇支付业务,不得开展无交易背景的跨境外汇支付业务和结售汇业务。其中,货物贸易单笔金额不得超过等值1万美元;服务贸易仅限留学教育、酒店住宿和航空机票,单笔金额不得超过等值5万美元。

3)外汇备付金账户管理要求。支付机构必须在境内合作银行开立外汇备付金账户,并通过该账户办理跨境代收/代付业务,且须对外汇备付金账户资金与支付机构自有外汇资金进行严格区分,不得混用。

4)逐笔还原申报要求。在跨境收付和结售汇环节,支付机构必须向合作银行提供逐笔交易信息,银行则须据此以交易主体名义进行跨境收支和结售汇信息的逐笔还原申报。

5)银行汇率标价要求。支付机构为客户集中办理结汇及购汇业务时,必须按照银行汇率直接向客户标价,不得自行变动汇率价格;对支付过程中的手续费、交易退款涉及的汇兑损益分担等,应与客户事先达成协议。

6)风险控制要求。支付机构需要按照交易性质,审核客户身份以及每笔交易的真实性,并留存明细材料备查;同时,按月向所在地外汇局提交总量报告,并对每月累计交易额超过等值20万美元的客户交易情况提交累计高额支付报告。

7)在风险可控的基础上促进贸易便利化。作为一种新型的支付方式,支付机构跨境外汇支付为跨境电子商务的交易和支付提供了便利,有利于推动我国贸易便利化。但是,网络交易的电子化和虚拟化,使得资金的真实来源和去向难以辨别,存在虚假交易和欺诈风险、资金跨境流动和洗钱风险等;同时,支付机构备付金账户会产生资金沉淀,存在资金安全隐患、支付风险以及道德风险。因此,要使试点政策有效实行,就需要对严控风险与促进发展的双方面需求进行平衡。为此,监管部门应采取信息化手段监控交易资金流动,包括资金账户的流动、业务的真实性等,以保证支付机构在风险可控的基础上健康、有序地发展壮大。

8)多部门协调配合,加强联合监管。跨境电子商务和第三方支付管理,涉及中国人民银行、国家外汇管理局、工商总局、税务总局、海关总署、公安部、国家安全部等多个监管部门。目前,各部门的监管都从方便自身管理的角度出发,缺乏统一的规划与协调,难以形成运转顺畅、相互配合的监管体系。因此,规范和促进跨境电子商务与第三方支付发展的当务之急是要协调各部门对支付机构跨境电子商务外汇支付的监管,以形成监管合力。为此,在此次试点中,外汇局及其他相关部门应加强沟通、充分协调、积极配合,实现对跨境外汇资金流动的有效联合监测,避免出现因多部门信息不对称而导致重复监管和要求不统一的问题,进而为支付机构在多部门办理业务提供更大的便利。

下一步,外管局还要指导企业在外汇监管框架内建立、健全各项内控制度;同时,还要注意根据企业业务的开展情况不断调整监管措施,逐步扩大交易类型和资金规模,并探索总结有效的监管经验,为将来制定统一的外汇管理规范和全面放开此项业务打好基础。相关部门做好政策衔接,全面完善监管体系。跨境外汇支付只是跨境电子商务流程中的一个环节,要全面规范和促进电商与支付行业发展,上下游监管部门应各司其职,相互配合,协调管理,构建全方位的监管体系。这其中需要工商部门规范电子商务企业的注册登记制度,海关健全电子商务小额贸易集中报关和统一报关机制,税务部门建立电子商务交易的税收管理规则,中国人民银行完善支付机构市场准入主体管理和人民币跨境业务规范,外汇部门加快制定跨境外汇支付管理办法。各部门在制定自身管理规范的同时,应考虑与其他部门的统一规划与协调,形成信息共享机制,以达到既能实现全面有效监管,又能促进我国电商企业和支付机构更好地竞逐国际市场的目的。

允许支付机构跨境支付有利于跨境资金清/结算量逐步扩大和资金链不断外延,并可推动相关的银行卡、货币汇兑等金融服务产业的发展,推进我国支付体系向外延伸,全面增强其支付服务能力。此外,从支付体系的安全角度看,其关系到国家经济活动中的商业信息、金融数据的安全和资金正常有序流动。国际上,为维护本国的经济金融安全,各国在这一领域都采取了一定程度的本地保护和审慎监管政策。因此,支持和培养兼有银行、担保机构和卡组织等几类金融系统的部分职能的中国支付机构占领国内市场,也是维护国家经济金融和信息安全的重大需要。

四、探索成立海外人民币储备银行

跨境支付的发展越来越需要在海外有人民币储备银行,方便海外结售汇。目前,大型国有商业银行和阿里金融等比较前沿的第三方支付机构都有发展海外人民币储备银行的考虑。如果分别建设,不仅投入大、风险高,总体上也会浪费中国的资源。

可考虑多方联合投资,建立人民币海外储备银行。或者依托大型国有商业银行在海外的人民币储备银行的建设,对第三方支付机构开放相关业务。第三方支付机构开展人民币跨境支付业务可以成为中国互联网电子商务、互联网金融甚至电子化的国际贸易活动走出国门的重要渠道,同时也成为中国海外人民币储备银行的一项重要业务。

本章小结

由于第三方支付具有信息化、国际化、网络化、无形化的特点,电子支付所面临的风险扩散更快,危害性更大。一旦金融机构出现风险,很容易通过网络迅速在整个金融体系中引起连锁反应,引发全局性、系统性的金融风险。因此必须采取措施,对第三方支付金融风险加强防范,促进第三方支付的健康发展。

第六章 第三方支付平台监管分析和建议

第一节 第三方支付机构监管体系

一、第三方支付机构的法律地位

为促进支付服务市场健康发展,规范非金融机构支付服务行为,防范支付风险,保护当事人的合法权益,2010年9月1日起生效的《非金融支付机构管理办法》,又称2010年中国人民银行2号令,是我国第一部专门针对第三方支付的法律规制,它给第三方支付机构定性为"非金融支付服务机构",在收付款人之间作为中介机构提供网络支付、预付卡的发行与受理、银行卡收单、中国人民银行确定的其他支付服务。

非金融机构提供支付服务,应当依据《非金融支付机构管理办法》的规定取得《支付业务许可证》,成为支付机构。支付机构依法接受中国人民银行的监督管理。未经中国人民银行批准,任何非金融机构和个人不得从事或变相从事支付业务。

支付机构之间的货币资金转移应当委托银行业金融机构办理,不得通过支付机构相互存放货币资金或委托其他支付机构等形式办理。支付机构不得办理银行业金融机构之间的货币资金转移,经特别许可的除外。支付机构应当遵循安全、效率、诚信和公平竞争的原则,不得损害国家利益、社会公共利益和客户合法权益。支付机构应当遵守反洗钱的有关规定,履行反洗钱义务。

《支付业务许可证》自颁发之日起,有效期5年。支付机构拟于《支付业务许可证》期满后继续从事支付业务的,应当在期满前6个月内向所在地中国人民银行分支机构提出续展申请。中国人民银行准予续展的,每次续展的有效期为5年。

二、支付业务许可证的申请流程

中国人民银行负责《支付业务许可证》的颁发和管理。申请《支付业务许可证》的,需经所在地中国人民银行分支机构审查后,报中国人民银行批准。从2011年第一批第三方支付牌照发放,到目前已经发到了第8批牌照,共有269家支付公司拿到了支付牌照。

1. 申请人的申请条件

《支付业务许可证》的申请人应当具备下列条件：

（1）在中华人民共和国境内依法设立的有限责任公司或股份有限公司，且为非金融机构法人；

（2）有符合本办法规定的注册资本最低限额；

（3）有符合本办法规定的出资人；

（4）有5名以上熟悉支付业务的高级管理人员；

（5）有符合要求的反洗钱措施；

（6）有符合要求的支付业务设施；

（7）有健全的组织机构、内部控制制度和风险管理措施；

（8）有符合要求的营业场所和安全保障措施；

（9）申请人及其高级管理人员最近3年内未因利用支付业务实施违法犯罪活动或为违法犯罪活动办理支付业务等受过处罚。

申请人拟在全国范围内从事支付业务的，其注册资本最低限额为1亿元人民币；拟在省（自治区、直辖市）范围内从事支付业务的，其注册资本最低限额为3 000万元人民币。注册资本最低限额为实缴货币资本。

2. 申请人的主要出资人应符合的条件

申请人的主要出资人应当符合以下条件：

（1）为依法设立的有限责任公司或股份有限公司；

（2）截至申请日，连续为金融机构提供信息处理支持服务2年以上，或连续为电子商务活动提供信息处理支持服务2年以上；

（3）截至申请日，连续盈利2年以上；

（4）最近3年内未因利用支付业务实施违法犯罪活动或为违法犯罪活动办理支付业务等受过处罚。

本办法所称主要出资人，包括拥有申请人实际控制权的出资人和持有申请人10%以上股权的出资人。

3. 申请人应当提交的文件和资料

申请人应当向所在地中国人民银行分支机构提交下列文件、资料：

（1）书面申请，载明申请人的名称、住所、注册资本、组织机构设置、拟申请支付业务等；

（2）公司营业执照（副本）复印件；

（3）公司章程；

（4）验资证明；

（5）经会计师事务所审计的财务会计报告；

（6）支付业务可行性研究报告；

（7）反洗钱措施验收材料；

（8）技术安全检测认证证明；

（9）高级管理人员的履历材料；

(10) 申请人及其高级管理人员的无犯罪记录证明材料；
(11) 主要出资人的相关材料；
(12) 申请资料真实性声明。

申请人应当在收到受理通知后按规定公告下列事项：
(1) 申请人的注册资本及股权结构；
(2) 主要出资人的名单、持股比例及其财务状况；
(3) 拟申请的支付业务；
(4) 申请人的营业场所；
(5) 支付业务设施的技术安全检测认证证明。

三、第三方支付企业获取技术安全检测认证证书

为做好《非金融机构支付服务管理办法》(中国人民银行令〔2010〕第2号)实施工作，保障非金融机构支付服务业务系统检测认证工作规范有序开展，中国人民银行制定了《非金融机构支付服务业务系统检测认证管理规定》(中国人民银行〔2011〕第14号)。

技术安全检测认证证明是指据以表明支付业务处理系统符合中国人民银行规定的业务规范、技术标准和安全要求等文件资料，应包括检测机构出具的检测报告和认证机构出具的认证证书。检测机构、认证机构应当获得中国合格评定国家认可委员会(CNAS)的认可，并符合中国人民银行关于技术安全检测认证能力的要求。

1. 技术安全检测认证主要标准及法规

非金融机构支付服务系统技术安全检测相关技术标准与政策法规如表6.1所示。

表6.1 非金融机构支付服务系统技术安全检测相关技术标准与政策法规

序号	主要技术标准及政策法规
1	GB/T 17544 信息技术 软件包 质量要求和测试
2	GB/T 16260 软件工程 产品质量
3	GB/T 18905 软件工程 产品评价
4	GB/T 15481—2000 检测和校准实验室能力的通用要求
5	GB 8567—88 计算机软件产品开发文件编制指南
6	GB/T 9385 计算机软件需求说明编写指南
7	GB 9386—88 计算机软件测试文件编制规范
8	GB/T 14394—93 计算机软件可靠性和可维护性管理
9	GB/T 20271—2006 信息安全技术 信息系统通用安全技术要求
10	《中国人民银行关于进一步加强银行业金融机构信息安全保障工作的指导意见》
11	《金融机构计算机信息系统安全保护工作暂行规定》
12	《支付清算组织管理办法》
13	《电子支付指引》
14	《非金融机构支付服务管理办法》

非金融机构支付服务系统技术安全检测的目标是在系统版本确定的基础上,对非金融机构支付服务系统进行功能、性能、第三方支付账户及交易风险监控、安全性、文档、外包等各方面全面的检测,客观、公正评估系统是否符合中国人民银行对非金融机构支付服务系统的安全性和技术标准符合性等各方面要求,保障非金融机构的支付服务系统的安全稳定运行。

2. 技术安全检测认证流程

(1) 检测认证准备

第三方支付企业在进行支付业务设施技术标准符合性和安全性检测认证前,应首先向所在地中国人民银行分支机构科技部门提出支付业务处理相关系统机房设施现场检查申请。

有关部门在对第三方支付企业进行支付业务处理相关系统机房设施的物理环境、网络安全、应急演练情况等进行现场检查后,第三方支付企业将获取该部门出具的机房设施现场检查报告。

(2) 检测实施

在此阶段,第三方支付企业需与检测机构签订书面合同及保密条款,并与检测机构就检测的范围、重点、时间与要求等问题进行充分沟通,制订详细的检测计划,随后按照三方共同制订的检测计划开展检测工作。

(3) 认证准备

在收到检测机构出具的检测报告后,第三方支付企业需将检测报告原件、整改报告、检测计划及相关技术文档材料(一式两份)提交给认证机构申请认证。

(4) 认证实施

在实施支付业务设施技术标准符合性和安全性认证前,第三方支付企业需与认证机构签订书面合同及保密条款,并与认证机构就检测过程中遇到的问题和整改情况进行充分沟通,由认证机构开展认证工作。

认证机构在认证并做出认证结论及整改建议后,第三方支付企业需在20个工作日内协助将认证情况及相关材料提交中国人民银行总行科技部门(检测认证管理工作办公室)。经过中国人民银行总行科技部门(检测认证管理工作办公室)核准后,最终获取认证证书。

3. 技术安全检测认证内容

非金融机构支付服务系统技术安全测试主要包括六个方面的内容,具体如表6.2所示。

表6.2 非金融机构支付服务系统技术安全检测主要内容

序号	重点方向	主要内容
1	系统功能	依据被测非金融支付机构具体的业务需求与需求规格说明书的业务功能
2	第三方账户及交易风险监控	验证支付服务系统对交易欺诈的防范监控与及防范账户交易风险的能力

续表

序号	重点方向	主要内容
3	系统性能	结合典型交易(包括支付、退款、预存、确认支付等)及不同交易配比,验证支付服务系统性能是否满足当前及未来三年业务发展需求;此外,还需针对余额查询、交易明细、账单批处理性能进行压力测试和极限测试
4	安全性	包括安全技术测评和安全管理测评两部分,其中安全技术测评主要包括网络安全、主机安全、应用安全、数据安全四个方面的内容;安全管理测评主要包括安全管理机构、安全管理制度、人员安全管理、系统建设管理、系统运营管理五个方面的内容
5	文档	对支付服务系统的开发文档、用户文档、管理文档的完备性、可维护性、可管理性,以及是否符合行业标准,是否遵从更新控制和配置管理的要求等方面进行检测
6	外包附加测试	对于从事支付服务的非金融机构将支付服务业务外包给第三方服务机构的情况,还应进行附加测试。主要内容包括:外包服务的外包内容、外包服务在第三方的处理情况、安全保密协议、风险评估、外包商资质、外包合同、控制和监督

四、支付机构的监管与管理

1. 监管机构

中国人民银行依法对第三方支付机构进行监督和管理。这是《非金融机构支付服务管理办法》对监管机构的明确规定。由于网络第三方支付行业所涉领域较广,所涉内容具有专业性和复杂性,主要负责监管的部门是科技司、支付结算司和反洗钱局。此外,还有行业协会中国支付清算协会。

科技司主要负责中国人民银行科技管理与建设工作;拟订中国人民银行科技发展规划和信息化建设年度计划;承担中国人民银行信息化及应用系统建设、安全、标准化和运行维护等工作;指导协调金融业信息化工作;拟订金融业信息化发展规划;负责金融标准化组织管理协调工作;指导协调金融业信息安全工作;拟订银行卡及电子支付技术标准,协调银行卡联网通用及电子支付技术工作;协调有关金融业科技工作,负责金融业重大科技项目管理工作。

支付结算司负责拟订全国支付体系发展规划;会同有关方面研究拟订支付结算政策和规则,制定支付清算、票据交换和银行账户管理的规章制度并组织实施;维护支付清算系统的正常运行;组织建设和管理中国现代化支付系统;拟订银行卡结算业务及其他电子支付业务管理制度;推进支付工具的创新;组织中国人民银行会计核算。

反洗钱局承办组织协调国家反洗钱工作,研究和拟订金融机构反洗钱规则和政策;承办反洗钱的国际合作与交流工作;汇总和跟踪分析各部门提供的人民币、外币等可疑支付交易信息,涉嫌犯罪的,移交司法部门处理,并协助司法部门调查涉嫌洗钱犯罪案件;承办中国人民银行系统的安全保卫工作,制定防范措施;组织中国人民银行系统的金银、现钞、有价证券的保卫和武装押运工作。

中国支付清算协会(Payment & Clearing Association of China,PCAC)成立于2011年5月23日,是经国务院同意、民政部批准成立,并在民政部登记注册的全国性非营利社会团体法人,是中国支付清算服务行业自律组织。协会业务主管单位为中国人民银行。中国支付清算协会以促进会员单位实现共同利益为宗旨,遵守国家宪法、法律、法规和经济金融方针政策,遵守社会道德风尚,对支付清算服务行业进行自律管理,维护支付清算服务市场的竞争秩序和会员的合法权益,防范支付清算风险,促进支付清算服务行业健康发展。

2. 监管网络

为鼓励金融创新,促进互联网金融健康发展,明确监管责任,规范市场秩序,经党中央、国务院同意,中国人民银行、工业和信息化部、公安部、财政部、国家工商总局、国务院法制办、中国银行业监督管理委员会、中国证券监督管理委员会、中国保险监督管理委员会、国家互联网信息办公室日前联合印发了《关于促进互联网金融健康发展的指导意见》(银发〔2015〕221号,以下简称《指导意见》)。

《指导意见》按照"依法监管、适度监管、分类监管、协同监管、创新监管"的原则,确立了互联网支付、网络借贷、股权众筹融资、互联网基金销售、互联网保险、互联网信托和互联网消费金融等互联网金融主要业态的监管职责分工,落实了监管责任,明确了业务边界。

1) 互联网支付。互联网支付是指通过计算机、手机等设备,依托互联网发起支付指令、转移货币资金的服务。互联网支付应始终坚持服务电子商务发展和为社会提供小额、快捷、便民小微支付服务的宗旨。银行业金融机构和第三方支付机构从事互联网支付,应遵守现行法律法规和监管规定。第三方支付机构与其他机构开展合作的,应清晰界定各方的权利义务关系,建立有效的风险隔离机制和客户权益保障机制。要向客户充分披露服务信息,清晰地提示业务风险,不得夸大支付服务中介的性质和职能。互联网支付业务由中国人民银行负责监管。

2) 互联网行业管理。任何组织和个人开设网站从事互联网金融业务的,除应按规定履行相关金融监管程序外,还应依法向电信主管部门履行网站备案手续,否则不得开展互联网金融业务。工业和信息化部负责对互联网金融业务涉及的电信业务进行监管,国家互联网信息办公室负责对金融信息服务、互联网信息内容等业务进行监管,这两个部门按职责制定相关监管细则。

3) 客户资金第三方存管制度。除另有规定外,从业机构应当选择符合条件的银行业金融机构作为资金存管机构,对客户资金进行管理和监督,实现客户资金与从业机构自身资金分账管理。客户资金存管账户应接受独立审计并向客户公开审计结果。中国人民银行会同金融监管部门按照职责分工实施监管,并制定相关监管细则。

4) 信息披露、风险提示和合格投资者制度。从业机构应当对客户进行充分的信息披露,及时向投资者公布其经营活动和财务状况的相关信息,以便投资者充分了解从业机构运作状况,促使从业机构稳健经营和控制风险。从业机构应当向各参与方详细说明交易模式、参与方的权利和义务,并进行充分的风险提示。要研究建立互联网金融的合格投资者制度,提升投资者保护水平。有关部门按照职责分工负责监管。

5) 消费者权益保护。研究制定互联网金融消费者教育规划,及时发布维权提示。加强互联网金融产品合同内容、免责条款规定等与消费者利益相关的信息披露工作,依法监督处理经营者利用合同格式条款侵害消费者合法权益的违法、违规行为。构建在线争议解决、现场接待受理、监管部门受理投诉、第三方调解以及仲裁、诉讼等多元化纠纷解决机制。细化完善互联网金融个人信息保护的原则、标准和操作流程。严禁网络销售金融产品过程中的不实宣传、强制捆绑销售。中国人民银行、银监会、证监会、保监会会同有关行政执法部门,根据职责分工依法开展互联网金融领域消费者和投资者权益保护工作。

6) 网络与信息安全。从业机构应当切实提升技术安全水平,妥善保管客户资料和交易信息,不得非法买卖、泄露客户个人信息。中国人民银行、银监会、证监会、保监会、工业和信息化部、公安部、国家互联网信息办公室分别负责对相关从业机构的网络与信息安全保障进行监管,并制定相关监管细则和技术安全标准。

7) 反洗钱和防范金融犯罪。从业机构应当采取有效措施识别客户身份,主动监测并报告可疑交易,妥善保存客户资料和交易记录。从业机构有义务按照有关规定,建立健全有关协助查询、冻结的规章制度,协助公安机关和司法机关依法、及时查询、冻结涉案财产,配合公安机关和司法机关做好取证和执行工作。坚决打击涉及非法集资等互联网金融犯罪,防范金融风险,维护金融秩序。金融机构在和互联网企业开展合作、代理时应根据有关法律和规定签订包括反洗钱和防范金融犯罪要求的合作、代理协议,并确保不因合作、代理关系而降低反洗钱和金融犯罪执行标准。中国人民银行牵头负责对从业机构履行反洗钱义务进行监管,并制定相关监管细则。打击互联网金融犯罪工作由公安部牵头负责。

8) 加强互联网金融行业自律。充分发挥行业自律机制在规范从业机构市场行为和保护行业合法权益等方面的积极作用。中国人民银行会同有关部门,组建中国互联网金融协会。协会要按业务类型,制定经营管理规则和行业标准,推动机构之间的业务交流和信息共享。协会要明确自律惩戒机制,提高行业规则和标准的约束力。强化守法、诚信、自律意识,树立从业机构服务经济社会发展的正面形象,营造诚信规范发展的良好氛围。

9) 监管协调与数据统计监测。各监管部门要相互协作,形成合力,充分发挥金融监管协调部际联席会议制度的作用。中国人民银行、银监会、证监会、保监会应当密切关注互联网金融业务发展及相关风险,对监管政策进行跟踪评估,适时提出调整建议,不断总结监管经验。财政部负责互联网金融从业机构财务监管政策。中国人民银行会同有关部门,负责建立和完善互联网金融数据统计监测体系,相关部门按照监管职责分工负责相关互联网金融数据统计和监测工作,并实现统计数据和信息共享。

第二节 非金融支付机构获证获牌分析

非金融机构所从事的支付市场发展迅速,支付业务类型也在不断地发展和衍生,非金融机构的支付设施认证范围也随着业务类型的不断创新,相应地进行着扩展。目前,在原有互联网支付、预付卡发卡与受理、固定电话支付、数字电视支付的基础上,认证已经进一步扩大和细化到移动远程支付与移动近场支付。

一、非金融支付机构获证统计分析

1. "东强西弱"的格局

从获得支付许可证(获牌)和支付设施技术认证(获证)的机构注册地区域部署分布可以看出,东部沿海发达地区获证机构数量和所占比例远远高于西部地区省市,具体如图 6.1 和图 6.2 所示。虽然西部有部分非金融机构个体实力很强,但无法改变西部地区整体水平包括技术水平与东部的差距。从另外的角度也说明,我国非金融支付机构行业门槛相对还是比较高的,除市场拓展和培养方面的能力外,支付机构还必须有一定的资本、技术和人才实力。

图 6.1 获牌(支付许可证)支付机构注册地区域分布情况

2. 各支付业务类型发展不均衡

根据中金国盛 2013 年完成的支付业务设施数据统计,图 6.3 和图 6.4 显示各支付业务类型的支付设施从服务规模来说发展不均衡,已认证的互联网支付、预付卡的发行与受理业务的支付系统数量明显高于固定电话和数字电视支付的业务系统数量。固定电话和数字电视支付属于特定领域的支付业务服务类型,技术门槛比较高,需要特定领域内的专业技术,如固定电话需要 PSTN、IVR 等技术,而数字电视要求 DVB、iTV、STB 等技术的融合;受众范围小,目标人群不显著;受到移动和互联网服务的冲击,自身业务发展受到限制。

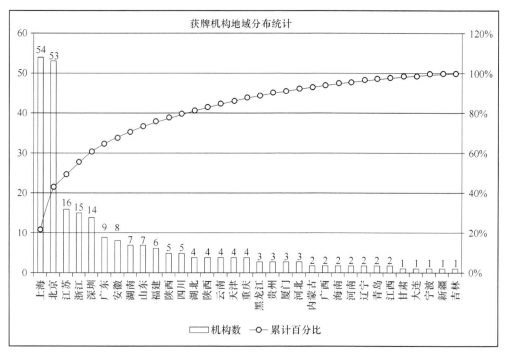

图 6.2 获牌(支付许可证)支付机构注册地区域数量统计情况

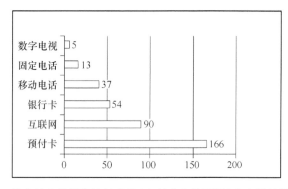

图 6.3 按支付业务类统计的获牌(支付业务许可证)业务设施数据比较

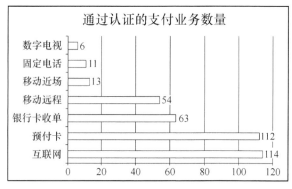

图 6.4 按支付业务类统计的支付业务设施数据比较

对于移动支付领域,目前移动远程支付的业务系统数量要大于近场支付,而移动支付业务的系统数量也明显低于互联网和预付卡收单与受理业务的系统数量,但从事移动支付业务的机构都是非金融支付机构中有一定规模的机构,说明移动支付在我国的发展起点比较高,竞争势必会更加激烈。相对来说,移动近场支付由于投资规模大、技术门槛高,所以机构发展数量在速度上目前还慢于移动远程支付业务。

支付业务发展不均衡的另一个特点是,对于固定电话、数字电视这样类型支付业务来说,支付机构很难通过此类单一类型支付业务独立开展支付业务,通常情况下从事数字电视或固定电话支付业务的支付机构普遍都同时开展了其他类型的支付业务,如表 6.3 所示。

表 6.3 业务类型相关性统计

	支付业务	同时开展的其他支付业务							机构数量
		互联网	预付卡	银行卡收单	移动远程	移动近场	固定电话	数字电视	
支付机构开展的业务	互联网	23	49	42	50	12	11	4	114
	预付卡	49	61	13	21	8	7	3	112
	银行卡收单	42	13	19	31	6	10	3	63
	移动远程	50	21	31	0	10	11	4	54
	移动近场	12	8	6	10	0	3	2	13
	固定电话	11	7	10	11	3	0	1	11
	数字电视	4	3	3	4	2	1	1	6

从表 6.4 中可以看到类似的情况是,移动远程支付和移动近场支付类型的支付业务同样没有支付机构开展单一业务类型。从移动支付的市场前景和业务发展规模来说,没有支付机构开展单一业务的原因不同于数字电视和固定电话业务。数字电视或固定电话支付业务类型由于领域特征明显,受众范围和用户使用习惯的接受程度都相对其他类型业务差距明显,因此市场开展单一类型支付业务困难比较大。移动支付特别是远程支付与互联网在多业务开展上很大的相关性,即开展的业务类型中同时包括两项业务的支付机构数量比例非常高,除了支付机构对市场的预期做出投资决策外,还与这两项业务在技术实现上、运营模式上都有非常大的相似性有关。

表 6.4 多类型支付业务开展情况统计

申请业务个数	业务类别							机构数量
	互联网	预付卡	银行卡收单	移动远程	移动近场	固定电话	数字电视	
7	★	★	★	★	★	★	★	1
6	★	★	★	★	★	★		2
5		★	★	★	★	★		1
	★	★	★	★		★		3
	★	★	★	★			★	1

续表

申请业务个数	业务类别							机构数量
	互联网	预付卡	银行卡收单	移动远程	移动近场	固定电话	数字电视	
4	★	★	★	★				3
	★	★		★	★			2
	★	★		★		★		1
	★		★	★	★			2
	★		★	★		★		4
	★			★		★		1
	★			★	★		★	1
3	★	★	★					2
	★	★		★				6
	★	★				★		2
	★		★	★				11
2	★	★						25
	★		★					11
	★			★				11
	★				★			1
		★		★				1
		★					★	1
			★	★				2
				★	★			1
1	★							23
		★						61
			★					19
						★		1

3. 业务系统基本以自运营为主,外包数量相对较少

在已完成检测的支付业务设施中,有14%的业务系统存在运维外包的情况,86%的系统都是自开发和运营。

在开展外包的业务系统中,预付卡发行与受理的系统占64%,明显高于其他类型的业务,如图6.5所示。同时,超过20%的预付卡发行与受理业务的系统存在开发或者运维外包,外包比例明显高于其他业务类型,可见从事预付卡发行与受理业务的支付机构较多借用外部的信息技术力量。

4. 系统后台技术路线相似,开源系统的应用比例大

各非金融支付机构的后台业务系统在选择基础软件选型方面趋同:数据库服务器以Linux和AIX为主;数据库以Oracle和MySQL为主;中间件以Tomcat为主。

各类系统的基础软件占比如图6.6所示。

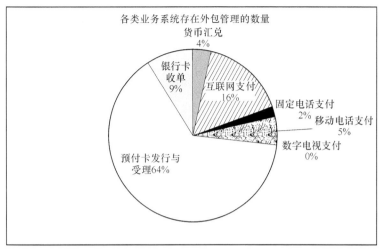

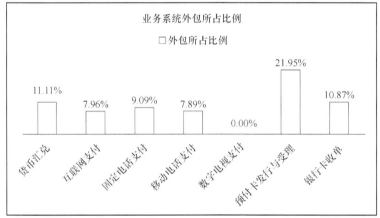

图 6.5　各类业务外包管理数量及比例

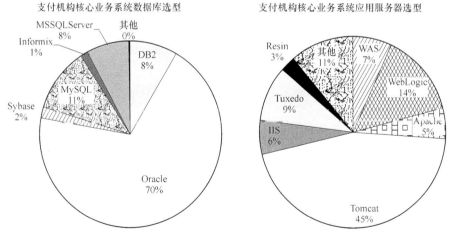

图 6.6　支付机构核心业务系统后台设施选型

5. 个别机构支付设施不能持续符合要求

为保证支付设施的技术状况和管理水平保持合格的运营状态，支付机构获得认证后必须要接受认证机构的监督审查。目前通过认证机构的监督审查工作以及其他相关管理工作,部分支付机构的获证状态发生了变化,出现暂停的情况,甚至部分支付机构的证书已经被撤销。

截至2014年3月,通过中金国盛认证中心先后共发放非金融机构支付设施认证证书224张。按照非金融认证审查的规定,经过每年监督审查,前后共对18家支付机构的证书进行了证书暂停处置,通过整改或重新检测认证,其中9家证书进行了恢复,剩余9家机构的证书目前还处于待审查的暂停状态。

二、非金融支付机构获牌统计分析

1. 支付机构获证情况

从图6.7可以看出,自从2011年非金融机构支付设施开始实施检测认证制度以来,在行业主管部门的监管下,支付机构的发展趋于规范化,市场得到了壮大。而同时通过认证审查这一市场化的监管方式,非金融支付机构发展也非常迅速,申请认证和获得认证的机构数量爆发式增长,也说明通过市场手段来实现行业的监管和自律,已经得到业界广泛的接受和认可。获证机构数量的增加,说明我国非金融机构支付行业的整体技术水平在不断提高。认证申请机构对检测要求的深入理解和对技术设施的持续改进,使我国非金融支付机构获证和申请比率每年持续提高。

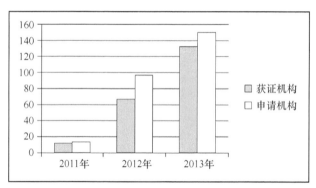

图6.7 申请机构与获证机构年度变化

2. 获证支付机构的获牌情况

根据中金国盛截至2014年3月的数据统计,在中金国盛认证中心取得"非金融"认证的支付机构中,其中164家非金融支付机构已经取得中国人民银行颁发的支付牌照。

如图6.8所示,在各地区完成认证的支付机构中,部分地区是全部取得支付牌照,例如河北、山西、辽宁、广西等,这些地区通常开展支付业务的机构数量不多,所以同时获证获牌的比率比较高。需要特别说明的是江苏地区,截至统计开始总共有11家支付机构完成了非金融认证,并且全部获得支付牌照,显然这与江苏地区支付机构的整体实力,以及监管部门的有力监管等原因分不开的。总体来说,除极个别地区外,多数地区获证支付机构取得牌照的比率都在70%以上,这说明非金融认证工作得到了监管部门的认可,为非金融机构支付市场的规范、健康发展起到了积极作用。

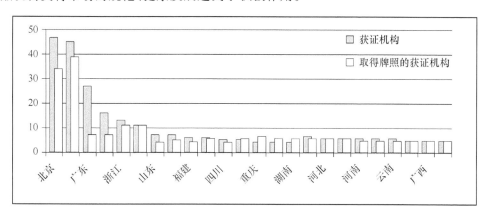

图6.8 完成认证的获牌情况

第三节 对国家政策法规的需求

从事支付服务的非金融支付机构在激烈的市场竞争中极具创新性,在把握支付市场的需求上更加敏锐,新支付模式和新支付技术能更快地开发并推广到市场上。但是支付市场社会敏感度和市场影响范围都较其他行业更大,单纯依赖于支付机构的自律和市场的优化,难以保障安全稳定,因此行业主管部门的引导,认证机构对这种引导的市场化落地,在稳定支付市场发展方面起着极其关键的作用。非金融支付机构技术监管工作的开展同样需要满足便捷、低廉和安全的均衡性,监管的政策法规、认证的规范标准和认证工作管理要求,既要强调维护支付安全健康发展的目标,也均衡考虑市场对便捷性和低廉性的需求,有力、适度地开展支付行业监管工作。

一、加强支付机构在客户隐私保护方面的责任

随着互联网业务特别是移动互联网业务的发展,人们的日常生活深受电子化的影响,特别是金融支付行业不仅涉及客户的个人资料信息,还涉及用户的网上活动信息,如账户信息、交易信息,甚至是个人的特殊兴趣和爱好信息。同样通过支付设施向客户发送垃圾短信和垃圾邮件的过程,会极大地干扰客户的正常生活。

《非金融机构支付服务管理办法》虽然做出规定,要求第三方支付机构应妥善保护用户的商业秘密、个人基本信息、账户信息、交易内容等相关个人资料,但是具体措施以及泄露个人信息的违约责任并未规定。因此,可以针对支付行业的实际情况制定相应的政策法规,约束支付机构、设备、软件或系统提供商等在支付服务中获取和使用客户个人信息的责任与义务;也可以引入惩罚性赔偿机制,更好地维护其隐私权。

二、针对新的业务模式和支付技术及时研究制定相关政策

1. 在新业务服务模式方面

非金融支付机构为提供便捷和低廉的支付服务，往往采用更为便捷和灵活的业务方式，例如虚拟信用卡突破了现有信用卡业务模式，在落实客户身份识别义务、保障客户信息安全等方面尚待进一步研究，需要针对这样的业务模式尽快制定出相关的政策，避免支付机构在新业务模式创新上缺少政策法规依据而盲动，也需要避免因政策法规迟迟不能明确答复而影响支付机构的市场发展。无论是认可或条件不成熟情况下的暂时否定都可以起到规范或加强非金融机构支付业务发展的目的。

2. 在新支付技术方法方面

针对目前部分非金融支付机构已向实体特约商户推出条码、二维码支付等面对面支付服务，线下条码、二维码支付突破了传统受理终端的业务模式，其风险控制水平直接关系到客户的信息安全和资金安全。目前，将条码、二维码应用于支付领域有关技术，终端的安全标准尚不明确。相关支付机构验证方式的安全性尚存质疑，存在一定的支付风险隐患。这些都迫切需要国家和行业监管部门制定新技术的应用与管理政策，例如成立或委托专门组织机构研究新支付技术的安全性和合规性，有针对性地制定相应的应用规范和政策，既保证支付机构技术创新的积极性，又能合理监管新技术和新业务的有序发展，维护金融支付行业的安全稳定。

第四节 技术规范/标准的完善需求

一、体现业务类型的关键特征

非金融机构支付业务设施的相关规范和标准反映业务类型特点不明显，缺少支付业务的形式和技术特点。目前，根据技术实现方式，非金融机构支付业务设施的相关规范划分为七种类型：互联网支付、固定电话支付、数字电视支付、移动电话支付（近场）、移动电话支付（远程）、银行卡收单支付、预付卡发卡与受理，从分类方式上前五种是从支付业务的网络接入方式来分类，而后两种则是从支付卡的类型来分类。

由于技术实现分类方式不一致，支付交易类型和交易流程上没有明确将不同业务类型进行区别，所以在检测认证实践中会出现一定的概念模糊。例如根据网络接入方式不同，部分互联网支付服务既可以通过传统的 PC 浏览器进行服务访问，也可以通过移动终端的浏览器访问服务，这样的支付服务系统在归类到互联网支付和移动电话支付（远程）上界限不清楚，而不同的支付类型会适用不同的检测要求和规范，检测和认证会产生较大区别。

还有一种情况是网络接入方式与支付卡类型的分类造成支付设施归类模糊。例如某个支付机构开展的是预付卡类型的支付业务,但预付卡是通过数字电视网络以及数字电视机顶盒终端进行卡受理业务的,显然这样的支付设施既可以归类于数字电视支付类型,也可以归类于预付卡发卡与受理类型。

目前来说,对于支付机构的支付设施归类模糊缺乏明确的界定指导,更多地是由支付机构申报并自主选择。由于不同的业务类型适用于不同的检测认证规范要求,从完善检测规范/标准并保证检测认证的有效性的角度来说,可以从以下几个方面考虑进行完善:

1)细化各支付业务类型的业务模型和交易流程,明确业务类型的关键特征;
2)制定支付业务设施的归类指南,规范支付机构的支付业务分类过程;
3)检测认证的规范和标准应突显各业务类型的关键特征;
4)根据支付业务的发展,及时分析新业务的支付业务模式和形式,进行归类或有针对性地制定新规范/标准;
5)适时修改支付业务的分类方式,减少业务类型划分方式不一致造成分类重合度偏高的情况。

二、紧跟支付行业的发展

互联网技术、移动网络技术、IC卡技术的交织融合发展,为支付业务的发展提供了广阔的业务模式和技术实现的广阔空间。而市场对支付业务的便捷和低廉导向需求,使越来越多的支付机构倾向于采用更易用、更低廉的技术手段,于是类似于面对面这样的支付方式打破了过去依据网络接入方式划分业务类型的方式,通信交互方式多样:音频载波信号交互、QR Code扫描交互、NFC通信等。

面对层出不穷的新型支付方式或类型,目前所制定的非金融规范和标准还不能及时覆盖这些新业务类型,或者依照过去的规范和标准无法反映新兴支付业务类型的真实状况。

从制定检测规范和标准的角度来看,为适应市场的变化需求,保证非金融检测认证工作的及时有效,检测认证机构应与支付机构建立长久的技术交流机制,及时组织相关机构或团体研究新兴的支付业务类型和支付技术方法,开展现有标准/规范的修订或针对全新支付类型制定新的标准/规范。

三、明确渐进的导向性

非金融机构支付业务设施认证所依据的规范或标准,在认证机构的组织下不断完善和改进。从目前规范和标准的修订工作来看,修订经常是依据当前支付机构的技术现状或是检测机构的检测能力进行修订,这往往只能维持支付机构在现有的技术要求水平上。众所周知,非金融支付机构与金融机构整体水平上无论是技术还是管理都是有着明显差距的,非金融机构支付设施的规范或标准与金融机构所遵循的标准和规范也是有显著差距的,这种差距在推动非金融机构从事支付业务的市场来说初期是有益的,但是长此以往是不利于支付行业健康稳定发展的。因此为促进非金融支付机构的健康良性发展,应该从检测认证要求的角度有步骤地提高对非金融支付机构在技术和管理方面的要求,非金融机构支付设施的规范和标准应该有步骤循序渐进的方式,以金融标准的要求为目标逐渐靠拢,缩小"非金融标准"与金融标准的差距。

四、对重大安全事件有针对性地完善技术规范/标准

认证机构通过收集检测机构和支付机构等相关方的意见,并对相关意见进行分析整理,组织相关机构对技术标准要求的修订工作,进一步讨论细化和完善检测要求及评估准则,完善并提高对支付机构的技术要求,进一步完善上述技术标准要求的问题判例,并对于潜在风险大或易发生风险事件的问题提高其问题等级或强制要求支付系统实现。

第五节 检测认证工作管理需求

从我国对非金融机构支付业务设施的检测认证工作开展总体情况来看,对支付机构系统建设和运营维护工作起到了规范作用,非金融机构从事的支付业务市场有序而蓬勃发展。当然面对不断革新支付业务领域,新业务模型和新的技术方法层出不穷,便捷和低廉的支付方式很容易被市场接受。

然而从维护支付市场稳定发展、避免支付领域发生重大安全事件的角度来说,市场是导向但不能任由市场无序地发展,因为从国内外金融领域的经历来看,虽然众多安全事件是由支付机构造成的,但其影响和危害确是全社会来承担的。因此,作为国家行业主管部门的抓手,"非金融检测认证"需要从市场的角度,在维护非金融机构从事的支付业务市场繁荣的前提下,逐步推进非金融机构的技术和管理水平向金融机构的水平靠拢,在保证安全可靠的前提下鼓励技术创新,在维护支付市场稳定前提下鼓励创新的业务模式并支持长足发展。

为实现这一目标,"非金融检测认证"工作就需要不断追踪当前市场的新模式和新技术,不断修正和完善检测认证自身的工作以适应飞速发展的支付市场需要。

一、加强对支付机构支付业务形式和支付范围的管理

从"非金融检测认证"管理的角度来说,在对非金融支付机构所从事的支付业务类型进行明确定义,制定业务类型关键特征要素的前提下,应对支付机构申报认证的支付设施进行类型审查,明确支付设施边界范围和业务类型,严格支付设施检测认证过程中所适用的规范和标准,避免业务类型划定和认证规范适用的随意性。

支付市场发展迅速,领域内的业务类型和技术实现方式层出不穷,由于新业务模式和新技术都缺少应用的安全实践,新业务模式和新技术实现方法都需要一个理论论证与实践检验的过程。因此从鼓励创新且维护市场繁荣的角度出发,建议可以采用新业务类型

和新技术报备结合审批的机制进行管理。

二、加强检测认证工作的规范性管理

非金融机构支付设施的检测认证要求和规范与金融机构的要求还有一定的距离,"非金融认证"的目的除了通过市场的手段对从事支付业务的非金融机构进行管理,还应该通过检测认证的过程促进"非金融"业务的技术和管理水平不断提高,逐渐缩小与金融机构的差距,这是行业监管和维护市场稳定都需要的。

支付业务市场是一个欣欣向荣的市场,也是一个充满竞争和不断创新的市场,检测人员和认证审查员所面对的支付设施、业务模型多种多样,技术实现方案繁多,新的技术、新的商业模式和新的理念不断地在该领域融合发展,检测和审查员若不能及时跟上技术和市场的变化,检测认证工作是很难有效开展的。

因此从非金融检测认证管理的角度来说,加大对检测和审查人员的技能培训,新业务、新技术交流将丰富检测和审查人员的知识,对检测审查工作就具有积极的作用。

目前"非金融认证"工作在CNAS的监管和指导下规范地开展工作,未来的认证工作还需加大自动化流程管理的作用,例如通过自动化的过程管理系统(BPM),用自动化的电子信息管理过程替代人工的过程管理,避免了人工处理过程可能的失误,同时也保证了工作的规范性并提高了效率。

三、加强检测与认证工作的相互协调

为实现检测过程和认证过程的相辅相成,共同保证非金融认证工作的开展,可以从如下几个方面考虑管理工作的改进。

1. 协调好检测与认证的制约关系

需进一步明确检测和认证的职责与范围,明确检测与认证的制约关系,加大检测过程的力度,提高认证过程的制约能力,做到责任明确,确保在支付机构的审查中,检测与认证工作尺度一致、目的一致、认证决定的依据相互倚仗。

2. 加强检测机构检测质量管理

检测过程是认证过程的重要依据,检测质量的好坏会直接影响到认证过程的决定。因此加强对检测机构的管理,严格检测过程的质量是认证管理必须解决的问题,具体可以通过以下方式落实。

一是加强检测机构检测工作量的饱满度评估。在做认证审查时,认证机构应该对支付机构的系统规模与检测机构的实际检测工作量进行审查,根据通常经验发现明显不匹配的,需要检测机构说明情况并通过检测机构的管理制度进行约束。

二是提高检测报告的质量要求。在认证审查中,认证机构须对检测机构出具的检测报告进行质量要求。检测报告对检测项的判别无论是通过或不通过,都需提供证据(例如测试结果记录、截屏、现场拍照、系统日志截取、设计文档的描述说明等),尤其是对问题的描述应该具体到检测环境条件、问题现象、问题原因等。对采取访谈方式检测的项目要进行规范,控制采用访谈方式进行检测的总体比例,访谈方式需要做好访谈人、问题和回答的记录。

三是加强对检测机构的现场监督。认证机构需要对检测机构现场检测过程进行监督,考察检测机构检测方法和检测工具使用的合理性、检测步骤(流程)的合理性、检测记录的完整性、检测结果判断依据的合理性、现场检测组织管理的合理性等,以确保检测过程的规范性。

3. 丰富认证过程采用的方法,避免重复劳动

检测和认证过程都是对支付机构设施技术与管理状况的一个了解过程,检测和认证的方法应该有所区别,避免不必要的重复劳动。认证方法除了采取目前现场监审的方式外,应该充分利用检测机构提供的检测报告。检测规范是一个体系化的规范文档,检测类与检测项都是有系统地进行设计和制定的,而依据检测规范的要求进行检测并编写的检测报告,在检测的过程中不同检测项的记录也应该是有一定关联的,因此认证过程可以通过这样的关联性来做出对支付机构设施状况的判定,也可以验证检测机构检测过程的规范性。其他认证方法也需要通过与检测机构和支付机构共同探讨,不断充实和丰富。

四、适时建立支付设施风险分级管理机制

目前,支付机构在进行非金融检测认证工作中,普遍反映的问题是:各家支付机构从事的支付业务类型不同、服务覆盖区域范围不同、服务群体不同,支付机构的系统规模不同、服务能力不同、服务的受众规模不同,因此支付设施所面临的安全风险是有差别的,安全事件发生所造成的影响也是有差别的,但是非金融认证的要求上并没有体现出这种差别。这样的情况会造成部分支付机构的支付设施要么安全过度,要么安全不足,都不利于支付机构支付设施的合理建设,也不利于支付市场的健康发展。因此适时针对支付机构的支付设施建立起风险分级管理机制,通过对支付设施的分级,细化对支付机构和设施的管理,从而推动认证审查工作的科学性、合理性。

通过对支付机构信息系统风险评级,可以量化支付机构的信息系统风险,直观地了解支付机构信息系统风险变化情况;针对信息系统风险程度不同的支付机构开展差异化监管,将监管力量集中到信息系统风险程度大的机构,实现监管效益的最大化。

五、适时开展对外包服务机构的认证工作

由于部分支付机构在系统建设和运营维护上采取了外包的形式,外包管理往往因支付机构的实力和对外包服务方的影响度而存在差别。同时外包服务机构自身也存在较大的差异性,一些资质高、管理体系完善、经验丰富的外包机构,外包服务质量相对比较高。为确保外包服务质量,有必要通过第三方的认证管理服务来加强外包服务的市场规范化。适时建立市场化的外包认证服务,为非金融支付市场的系统设施建设提供规范化的服务。

六、加强对支付机构认证的培训和交流

非金融认证工作自身需要不断地完善,通过与支付机构的密切交流,将非金融认证工作的目的意义、工作方式、工作内容在支付机构中进行宣贯,有利于支付机构更好地配合认证工作。另外,通过与支付机构的沟通,认证机构及时获取支付机构对认证工作意见反馈,适时调整认证工作的具体实施过程,不断提高认证机构的服务水平和服务能力。

本章小结

市场经济是信用经济、法制经济,支付牵动着社会活动的每一个环节,在电子商务背景下,需要不断完善现行法律体系,在现有的法律法规制定和修改过程中,要充分考虑电子商务和电子支付的特点,为电子商务和电子支付的发展创设良好的法律环境,并留有发展空间。

参考文献

[1] 中国人民银行. 2015年支付体系运行总体情况[EB/OL]. http://www.pbc.gov.cn/goutongjiaoliu/113456/113469/3044097/index.html,2016.

[2] 中国互联网络信息中心. 第37次中国互联网络发展状况统计报告[EB/OL]. http://www.cnnic.net.cn/hlwfzyj/hlwxzbg/201601/P020160122469130059846.pdf,2016.

[3] 艾瑞网. 2013年海外第三方支付企业研究报告——PayPal[EB/OL]. http://report.iresearch.cn/report/201309/2028.shtml,2013.

[4] 宋昱朴. 淘宝购物支付平台系统的设计与实现. 中国电子商务,2013(17):19,21.

[5] 王金宝. 基于支付平台的二代支付系统的设计与实现. 科技资讯,2013(10):33.

[6] 谭卡吉. 第三方支付组织接入人民银行支付平台模式探讨. 中国金融电脑,2012(5):42-47.

[7] 戴俊,朱晓民. 基于ActiveMQ的异步消息总线的设计与实现[J]. 计算机系统应用,2010,19(8):254-257.

[8] 陈坤. 企业服务总线在跨行现金管理系统中的应用研究[J]. 电脑开发与应用,2010,23(1):58-60.

[9] 马梅,朱晓明,周金黄,等. 支付革命:互联网时代的第三方支付[M]. 北京:中信出版社,2014.

[10] 曹红辉,李汉. 中国第三方支付行业发展蓝皮书[M]. 北京:中国金融出版社,2012.

[11] 屈崇博,蔡国永. 基于SOA的Web Service组合研究及应用[J]. 微型机与应用,2013,32(10):7-10.

[12] 唐彬,王庆. 第三方支付标准化现状及发展趋势[J]. 信息技术与标准化,2014(3):36-38.

[13] 王兵. WAPI安全机制浅析[J]. 计算机安全,2011(6):74-76.

[14] 杨晨,杨建军. 移动支付安全保障技术体系研究[J]. 信息技术与标准化,2010(7):17-20.

[15] 刘风军,肖波. 物联网与金融支付[M]. 北京:电子工业出版社,2012.

[16] 赵懿．电子账户弱实名问题和解决路径——解构实名认证原理视角[J]．商业银行,2014．

[17] 高晶．账户实名制在第三方支付中的落实[J]．金融经济,2014．

[18] 李秋慧．网络第三方支付法律风险及监管[D]．华东政法大学,2014．

[19] 刘红林．互联网平台第三方支付民事法律关系研究[D]．华东政法大学,2014．

[20] 常鸿雁．我国第三方跨境支付现状及其发展对策研究[D]．浙江工业大学,2015．

[21] 张倩．第三方支付平台反洗钱法律制度研究[D]．西南政法大学,2014．

[22] 唐琼琼．第三方支付中的消费者权益保护问题研究[J]．河北法学,2015(4)．